Frank Fabian

Fake News

Frank Fabian

Fake News

Die größten Falschmeldungen in Geschichte und Gegenwart

Bassermann

ISBN 978-3-8094-4135-9

1. Auflage
© 2019 by Bassermann Verlag, einem Unternehmen der
Verlagsgruppe Random House GmbH, Neumarkter Straße 28, 81673 München

Satz: Satzwerk Huber, Germering
Umschlaggestaltung: Atelier Versen, Bad Aibling
Herstellung: Steffen Zimmermann

Verlagsgruppe Random House FSC® N001967
Druck und Bindung: GGP Media GmbH, Pößneck
Printed in Germany

INHALT

1. FAKE NEWS –
DAS PARADEBEISPIEL

Was 1958, 1959 und 1960 in Deutschland geschah, muss man sich lebhaft vorstellen: Ein paar Jahre zuvor hatte man mit Pauken und Trompeten den Zweiten Weltkrieg verloren. Hitler und sein infamer Propagandaminister Goebbels hatten sich durch Selbstmord aus der Verantwortung gestohlen. Mit Müh und Not war die Bundesrepublik Deutschland (BRD) gerade wieder auf die Beine gekommen. Der erste Bundeskanzler der BRD, Adenauer, hatte dafür wirklich alles getan. Er hatte das noch immer vorherrschende Misstrauen der Franzosen, der Engländer und der Amerikaner langsam zerstreut. Alle Welt staunte, als die Wirtschaftsstatistiken in der Bundesrepublik steil nach oben gingen. Vorsichtig begann man, den Deutschen wieder zu vertrauen, obwohl sie Nazis gewesen waren, … und da geschah Folgendes!

Im Jahre 1958 machte ein deutscher Gymnasiallehrer geschmacklose antijüdische Bemerkungen, die man an dieser Stelle nicht zu wiederholen braucht. Jugendliche Rowdys stießen Grabsteine auf jüdischen Friedhöfen um. Hakenkreuze wurden an Hauswände geschmiert. Jüdische Familien erhielten Drohbriefe. Bösartige Parolen erschienen auf Synagogen und Gebäuden, die Juden gehörten – und das alles in London, Paris, Wien, Kopenhagen, Stockholm, New York und in einer Reihe deutscher Städte. Selbst in Australien kam es zu Ausbrüchen von Antisemitismus.[1] Eine Epidemie schien ausgebrochen zu sein.

Besonders in der BRD kam es zu schlimmen Ausschreitungen gegen Juden. Neonazis entweihten 1959 mitten in Köln sogar eine Synagoge, ein jüdisches Gotteshaus. Sie schmierten Hakenkreuze an die Wände.[2]

Um Himmels willen! Da war die BRD gerade im Begriff, sich mühsam wieder in den Kreis der freiheitsliebenden, demokratischen, anständigen Staaten zu integrieren – und da blamierten einige Neonazis die Bundesrepublik bis auf die Knochen!

Außerdem wurde ein Denkmal für die Opfer des Nazi-Regimes besudelt. Die ursprüngliche Inschrift lautete:

Hier ruhen die Opfer der Gestapo.
Dieses Mal erinnert an Deutschlands schmachvollste Zeit 1933–1945.

Diese Worte waren mit schwarzer Farbe übergossen worden.

Kanzler Adenauer, verschiedene Minister und mit ihnen die halbe politische Kaste der BRD waren tief bestürzt.

Die Presse berichtete weltweit. Sie drosch auf alles „Deutsche" an, obwohl es ja auch im Ausland zu antisemitischen Ausfällen gekommen war. Doch ausschließlich die Bundesrepublik Deutschland wurde aufs Korn genommen.

Umgehend suchten die Politiker den Schaden zu beheben. Sie entschuldigten sich öffentlich in der *Tagesschau* des (Ersten) Deutschen Fernsehens. *Die Frankfurter Allgemeine Zeitung* (FAZ) berichtete.[3] *Der Spiegel* setzte sich an die Spitze der Bewegung gegen die alten, neuen Nazis.

Die halbe Weltpresse stand Kopf. Eine Wiedergeburt des Nationalsozialismus drohte. Westdeutsche Diplomaten wurden geschnitten und mussten sich vor der Weltöffentlichkeit entschuldigen. Englische Kaufleute stornierten Bestellungen. Teile des westdeutschen Handels litten unter diesen „News". In England zweifelte man, ob man den Deutschen jemals würde wieder trauen können. Erinnerungen an den Zweiten Weltkrieg wurden wach.

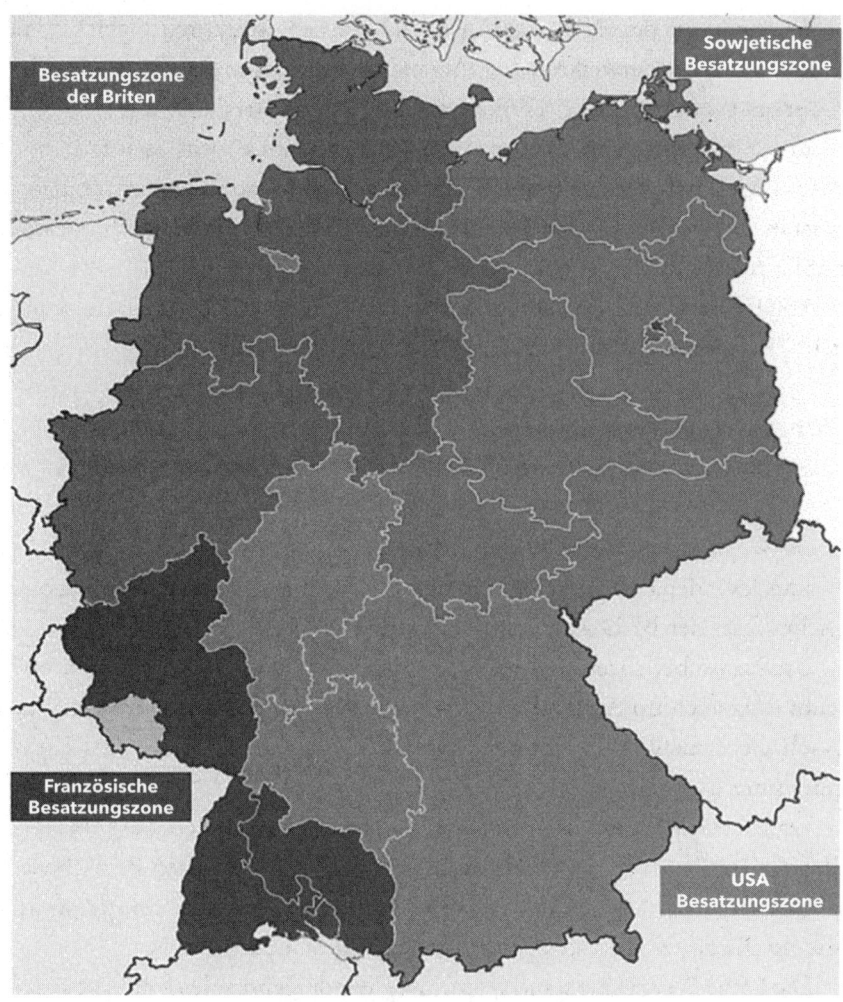

Die vier Besatzungszonen in Deutschland, nach 1945

Der Ostblock überschlug sich. Man wütete gegen die Faschisten in der Bundesrepublik. Besonders in der Tschechoslowakei und in Polen hieb man bösartig auf die BRD ein – mithilfe der eigenen Presse.

Im britischen Unterhaus beklagte man, dass die Bundesdeutschen noch immer „das gleiche arrogante Herrenvolk" seien wie zur Nazi-Zeit.[4] Britische Studenten gingen auf die Barrikaden. 20.000 Demonstranten organisierten einen Schweigemarsch an der deutschen Botschaft in London vorbei.

In New York protestierte man vor dem deutschen Konsulat. In Israel schlugen die Wellen der Empörung ebenfalls hoch. War es nicht genug, dass die Deutschen in den Konzentrationslagern 6 Millionen Juden umgebracht hatten? Und jetzt das!

Weltweit hackten die Medien auf die BRD ein. Man sprach von einer Schwäche im Erziehungswesen und in der Justiz. Man forderte einen besseren Unterricht in deutschen Schulen. Die Lehrer sollten über die Hitlerzeit genauer aufklären.[5] Deutsche Schüler müssten besser in Zeitgeschichte unterrichtet werden, damit das Land nicht wieder im Nationalsozialismus versinke, verlangte man.[6] Der Bundeskanzler, Ministerpräsidenten, Kultusminister, Lehrer und Politiker aller Parteien waren sprachlos. Immer wieder fragten sie sich, wie so etwas hatte passieren können.

Niemand ahnte zu diesem Zeitpunkt, dass man Fake News aufgesessen war.

In der BRD wurden in Windeseile neue Lehrstühle geschaffen, etwa für politische Wissenschaften. In den Schulen setzte man im Geschichtsunterricht die Zeit von 1933 bis 1945 an die oberste Stelle. Adenauer entschuldigte sich höchstpersönlich beim israelischen Staat.

Trotzdem wetterte in England ein Journalist des *Daily Express* in Richtung BRD, „dass es sich kaum lohne, zwischen Deutschen und Nazis zu unterscheiden."[7].

Deutsche Gewerkschaften riefen zu Spenden für Israel auf. Auch bei der *Süddeutschen Zeitung* empörte man sich, und ebenso immer wieder in der FAZ.[8] Der *Spiegel* verlangte wütend, man solle endlich „die Nazis aus der Regierung" werfen.[9]

Von allen Seiten schlug man auf die Bundesrepublik ein. Politiker überboten sich in Schuldbekenntnissen. Worte wie „Kollektivscham" wurden bemüht. Man verwies auf die Notwendigkeit der „Vergangenheitsbewälti-

14

gung". Bundesdeutsche Abgeordnete schämten sich öffentlich, wenn sie ausländische Besucher empfingen. Und dennoch! Es ist fast nicht zu glauben … es waren nur Fake News.

Was war *wirklich* passiert?

Wer verbarg sich hinter den Nazi-Schmierereien?

UNENTBEHRLICH: GESCHICHTSKENNTNISSE

Dieses Ereignis lässt sich nur begreifen, wenn man tiefer in die Geschichte eintaucht. Folgendes war geschehen: Nach dem Zweiten Weltkrieg wurde Deutschland in vier Besatzungszonen unterteilt. Im Nordwesten hatten die Briten das Sagen, im Osten die Russen, im Südwesten die Franzosen und im Süden die USA.

Später entstanden aus den drei westlichen Besatzungszonen (der Briten, der Franzosen und der Amerikaner) die Bundesrepublik Deutschland (BRD). Aus der sowjetischen Besatzungszone ging die Deutsche Demokratischen Republik (DDR) hervor.

Während im Zweiten Weltkrieg zahlreiche Nationen gegen die Nazis marschiert waren und Deutschland Feind Nummer eins gewesen war, fand in den Jahren 1946 bis 1950 ein erstaunlicher Wandel stand: Plötzlich waren nicht mehr die Deutschen die schlimmsten Widersacher, sondern die Russen oder die Sowjetunion (UdSSR), mit Stalin an der Spitze. *Ihn* galt es niederzuringen. Das war jetzt das politische Credo der USA und des Westens. Denn es hatte sich herausgestellt, dass Stalin ein mindestens ebenso großer Schurke war wie Hitler.

Deutschland geriet in den Sog dieser Weltpolitik. Auf deutschen Boden bekämpften sich hinter den Kulissen mit einem Mal die Amerikaner und die Russen – oder die USA und die UdSSR.

Mittelbar kämpften auch zwei politische Glaubensbekenntnisse gegeneinander. In der UdSSR hielt man den Kommunismus mit seiner staatlich gelenkten Wirtschaft für die klügere Weltanschauung oder die bessere Politphilosophie. In den USA glaubte man, es sei besser, Freiheit großzuschreiben, die Wirtschaft sich selbst regulieren und jeden nach seiner Fasson glücklich werden zu lassen.

In der 1949 gegründeten BRD hielt die Demokratie Einzug. Nur wenig später wurde 1949 auch die Deutsche Demokratische Republik (DDR) offiziell gegründet, als Reaktion auf die Gründung der BRD. Die Teilung Deutschlands war damit endgültig besiegelt. Die DDR war jedoch trotz ihres Namens weder demokratisch noch eine Republik, und auch die Wahlen der DDR-Politiker waren weder frei noch geheim, obwohl das lauthals verkündet wurde.

Hinter den Kulissen tobte ein erbitterter Krieg. Beide Weltmächte bekämpften sich bis aufs Blut – genau wie ihre Stellvertreter, die BRD und die DDR.

Noch einmal: Ein Wettkampf zwischen zwei vollkommen unterschiedlichen, gegensätzlichen politischen Glaubensbekenntnissen begann. Auf der einen Seite stand die Demokratie, nach dem Muster Frankreichs, Englands und US-Amerikas, und auf der anderen Seite befand sich eine Diktatur, nach dem Muster der Sowjetunion.

Die Frage lautete: Wer würde das Rennen machen?

Können Sie bereits erraten, was es mit den Fake News auf sich hatte? Erahnen Sie, wer dahinterstand? Dann gehören Sie zu dem obersten 10 Prozent der obersten 2 Prozent der politischen Intelligenz.

DIE WAHRE ROLLE
DER GEHEIMDIENSTE

Neben guten Geschichtskenntnissen brauchen wir ein umfangreiches Wissen über die Rolle der Geheimdienste, wenn wir keinen Fake News aufsitzen möchten.

Geheimdienste bestimmten seit Anfang des 20. Jahrhunderts in einem erstaunlichen Ausmaß überall auf der Welt die Politik. Etwa ab den 1920er-Jahren begann eine neue Ära in Sachen Geheim- oder Nachrichtendienste, die nun unverhältnismäßig große Macht und Einfluss hatten.

Der uninformierte Zeitgenosse allerdings bemerkte nicht einmal im Ansatz, wie er manipuliert wurde. Dabei waren die offiziellen Nachrichten häufig nur Geheimdienstergüsse, die diese geschickt lanciert hatten. Innerhalb der Geheimdienste – speziell innerhalb des sowjetischen Nachrichtendienstes KGB – existierte eine eigene Abteilung für Information und Desinformation, wie das genannt wurde. Hier wurde systematisch und gezielt gelogen. Es entwickelte sich eine neue „Kunst", die man auch die „hohe Schule der Lüge" nennen könnte. Sie bestand darin, zu wissen, wie man eine ganze Bevölkerung am intelligentesten an der Nase herumführen könnte. Täuschung und Irreführung gehörten innerhalb des KGB zum Tagesgeschäft. Die Kommunisten, also die UdSSR und mit ihnen die DDR, verfügten über die fähigsten Geheimdienste der Welt. Die CIA befand sich 1945 bis 1950 noch in einem embryonalen Zustand, die Agency war blutjung, während sich die Briten nach dem Zweiten Weltkrieg mit ihrem Auslandsgeheimdienst MI6 aus vielen Staaten zurückzogen. Die kommunistischen Geheimdienste hingegen waren überall auf dem Vormarsch. Anfänglich schlugen sie die westlichen Geheimdienste um Längen.

Beginnt sich das Dunkel zu lichten, was die Nazi-Schmierereien angeht?

FAKTEN, FAKTEN, FAKTEN

Es stellte sich heraus, dass man Fake News aufgesessen war.

Die Neonazi-Welle war eine reine Inszenierung. Sie wurde wie ein Theaterstück aufgeführt. Nichts stand dahinter – außer der Absicht, Westdeutschland zu diskreditieren. Der ganze Rummel um antijüdische Äußerungen war eine gezielte Kampagne, für die der KGB und die Stasi verantworteten.

Im Wettkampf um die bessere Politphilosophie oder um die bessere politische Weltanschauung war es nach Ansicht der Russen erlaubt, im Lager des Feindes für Chaos zu sorgen. Man überlegte, wo die Achillesferse oder die schwächste Stelle der BRD lag, die sich auf die Seite des neuen Erzfeindes, der USA, geschlagen hatte. Nun, das war natürlich die Nazi-Vergangenheit. Damit ließ sich die Welt richtig aufwühlen. Damit konnte man den Westdeutschen ordentlich einheizen und ihnen ein schlechtes Gewissen machen.

Und so geschah Folgendes: Da den Russen der rasche Aufstieg der BRD ausgesprochen missfiel, erlaubte es wahrscheinlich der Chef der UdSSR, Chruschtschow selbst, den Deutschen in der BRD eins auszuwischen. Das heißt, die antisemitische Sudelwelle wurde von den Kommunisten in Moskau gesteuert. In der DDR und innerhalb der Stasi klinkte man sich ein, man war dort ja völlig vom KGB abhängig.

Es kam irgendwann ein Bericht über eine geheime Sitzung der Chefs der DDR ans Licht, der alles verriet und auffliegen ließ. Die Schändung jüdischer Kultstätten war planmäßig vorbereitet worden – von Kommunisten.[10] Mit anderen Worten: Die Russen hatten im Verbund mit den Ostdeutschen – die UdSSR zusammen mit der DDR –versucht, das Ansehen der Bundesrepublik zu schmälern und die BRD zu diskreditieren. Hinter all dem standen sowjetische Drahtzieher. Spätere Nachforschungen ergaben zweifellos, dass viele Hakenkreuzschmierer sogar kommunisti-schen Organisationen angehörten – sie waren nicht etwa von Neonazis ausgeführt worden. Die Sowjets hatten das Schauspiel inszeniert, die eige-nen kommunistischen Wühlmäuse hatten „Nazis" gespielt.

Und alle Medien, ja sogar Teile der Weltpresse, waren diesen Fake News aufgesessen.

Im Nachhinein verwundert es nicht, dass die Tschechoslowakei und Polen, die zu diesem Zeitpunkt von Kommunisten beherrscht wurden, besonders laut auf die „verdammten Nazi-Deutschen" schimpften. Sie ge-hörten schließlich zum Sowjet-Imperium und mussten gehorchen. Zwar ließen sich auch die Briten, die Amerikaner und die Israelis täuschen, aber regelrechte Hetzkampagnen wurden nur im Ostblock angezettelt.

Und so haben wir mit einem Schlag verstanden, wie Fake News in die Welt gesetzt werden – oder zumindest kennen wir jetzt eine Variante da-von.

DIE VOLLE WAHRHEIT

Natürlich war die Nazi-Vergangenheit in Deutschland noch nicht voll-ständig bewältigt. Alte Nazis waren in den verschiedensten Institutionen untergekommen – im BKA, dem Bundeskriminalamt, im Bundesnach-richtendienst (BND), bei den Juristen und sogar innerhalb der Polizei. Psychiater, die den Nazis gedient und Blut an ihren Händen hatten, waren genauso wenig frei von faschistischem Gedankengut wie manche Militärs in der neu gegründeten Bundeswehr. Das ist die volle Wahrheit.

Man griff also eine Teilwahrheit auf, bauschte sie auf und benutzte sie skrupellos. Den Russen und den Ostdeutschen war klar, dass nichts für mehr Verwirrung und Chaos im feindlichen Lager sorgen würde als der Vorwurf, die Nazis trieben noch immer ihr Unwesen. Also griffen sie diesen (halbwahren oder viertelwahren) Umstand auf, blähten ihn geschickt auf, befahlen ihren kommunistischen Genossen, Nazi-Schmierereien im Lager des Feindes (= der „Imperialisten" und der „Kapitalisten") an die Wände zu pinseln und Juden auf jede erdenkliche Weise zu diskriminieren. Sie wussten, dies würde zu einem Aufschrei in aller Welt führen. Damit konnte man der BRD einen beträchtlichen Schaden zufügen.

Das lehrt uns, wie geschickt Geheimdienste lügen. Sie greifen eine Zehntel-, eine Viertel- oder eine Drittelwahrheit auf, plustern sie unmäßig auf, verbreiten sie und weisen die Übertreibungen einem falschen Urheber zu. Dann richten sie das Scheinwerferlicht auf den „Feind".

Dabei hätte es zu denken geben müssen, dass in verschiedenen Ländern der Welt aus dem Nichts gleichzeitig all diese Nazi-Kundgebungen und Schmierereien bekannt wurden. Es konnte sich nur um eine international gelenkte Aktion handeln. Doch anfangs ahnte niemand, dass die Sowjets und die DDR dahintersteckten.

Noch einmal: „Antisemtische Motive lagen … nur einem Drittel der Taten zugrunde."[11] Zwei Drittel waren schlicht erfunden, erlogen und in die Welt gesetzt worden – von den Kommunisten.

So geschickt führt man die Welt an der Nase herum.

ERSTE IMMUNISIERUNG GEGEN FAKE NEWS

Immerhin haben wir damit gleich einige wichtige Techniken kennengelernt, wie Fake News gemacht werden. Als „Formel" liegen folgende fünf Schritte zugrunde:

1) Als Voraussetzung muss eine erbitterte Feindschaft zwischen zwei Staaten gegeben sein. Heutzutage ist die Welt noch immer in Ost

und West gespalten, den Kalten Krieg gibt es nach wie vor. Russland, aber auch verschiedene andere kommunistische Staaten (China, Nord-Korea, Kuba) möchten beweisen, wie kaputt, verkommen, elend, verabscheuungswürdig und furchtbar der Westen ist.

2) Unter dieser Voraussetzung denken Geheimdienstler intensiv über ein geeignetes Thema nach. Ideal ist ein Reizthema, das voraussichtlich hohe Wellen schlagen wird. Es muss sorgfältig ausgewählt werden und eine Teilwahrheit enthalten, damit die Lüge, die künftigen Fake News, überhaupt „gefressen" wird.

3) Daraufhin bläst man diese Teilwahrheit ungebührlich auf. Man schickt die eigenen Leute ins Feld, sie zu untermauern.

4) In der Folge empört man sich öffentlich und sorgt für große Aufregung in der Presse.

5) Da die Presse zwanghaft voneinander abschreibt und immer auf bestimmte Reizthemen reagiert, ist der Skandal schließlich perfekt.

So wird systematisch Unruhe gestiftet – in unserem Fall in den westlichen, demokratischen Staaten. Noch einmal: Eine riesige Abteilung innerhalb des KGB oder seiner Nachfolgeorganisation, mit buchstäblich Tausenden von Mitarbeitern, beschäftigt sich mit *nichts anderem* als mit dieser Art von Desinformation. Sie ist pausenlos damit beschäftigt, in großem Stil Lügen in die Welt zu setzen, die oben genannten fünf Schritte auszubrüten und Realität werden zu lassen. Auf diese Weise entstehen massenhaft Fake News.

Diese „Formel" wird auch heute noch angewandt. Das Spiel geht weiter. Allein das Wissen darum immunisiert uns ein wenig dagegen.

Wenn wir also künftig furchtbare Nachrichten über die westlichen Demokratien hören, sollten wir sofort aufmerken: Wir liegen in der Annahme nicht falsch, dass ein großer Teil des Seemanngarns in kommunistischen (oder feindlich gesinnten) Ländern zusammengesponnen wurde.

Wir konnten also aus einem einzigen Beispiel die Vorgehensweise der Desinformationsabteilung des KGB (und anderer Geheimdienste) ableiten.

Diese fünf Schritte sind enorm mächtiges Geheimdienst-Know-how, das normalerweise verschwiegen wird. Dabei gehört es eigentlich in den Schulunterricht oder sollte zumindest an jeder Universität gelehrt werden, sonst lässt sich die Welt kaum verstehen.

Doch nachdem wir jetzt misstrauisch geworden sind, können wir uns daran machen, das Thema systematischer anzugehen. So viel können wir versprechen: Es wird aufregend. Jeder Leser wird im Laufe der folgenden Seiten immer besser verstehen, wie Fake News zustande kommen und wer hinter ihnen steht. Aber er wird auch lernen, wie er sie relativ rasch enttarnen kann.

2. IM DSCHUNGEL DER BEGRIFFE

Trump, Trump, Trump!

Kein Name findet sich zur Zeit häufiger in den Medien. Man muss es Donald Trump lassen, dass er den Begriff der Fake News populär gemacht und ins allgemeine Bewusstsein gehoben hat.

Momentan vergeht in den USA kein Tag, ohne dass nicht in zahlreichen TV-Stationen mehrfach von Fake News gesprochen wird. Mittlerweile wird der Ausdruck von beiden Seiten gebraucht, von den Rechten und von den Linken. Der Ausdruck „Fake News" macht allerorten Furore.

Wir werden am Ende dieses Kapitels eine ganz andere Analyse des Phänomens „rechts kontra links" vorstellen, als es üblich ist. Aber zunächst müssen wir vor Trump nolens volens unseren Hut ziehen: Zwar erfand er den Ausdruck nicht, aber er machte ihn dem Publikum schmackhaft – weltweit.

Schon im 19. Jahrhundert gab es den Begriff „Fake News", er bedeutete „bewusste Falschmeldung". Im 20. Jahrhundert bezeichnete man damit manchmal satirisch überzeichnete Nachrichten oder erfundene Nachrichten – im Sinne von Streich, Schabernack, Scherz oder Zeitungsente. Wollte man jemanden auf eine humorige Art zum Narren halten und foppen, benutzte man den Ausdruck „Fake News" – heute vielleicht vergleichbar mit den „Nachrichten" am 1. April und dem Aprilscherz.

Aber erst im 21. Jahrhundert – seit Trump antrat, das Präsidentenamt in den USA zu erringen – wurde der Ausdruck so geläufig, dass er in aller Munde war. Das war im Grunde zu begrüßen, denn viele Menschen realisierten schlagartig, dass sie an allen Ecken und Enden manipuliert wurden – vom Fernsehen und Radio, von Zeitungen und Zeitschriften, durch das Internet und von allen möglichen Social Media, wie Facebook oder Twitter.

Trump verbreitete den Ausdruck „Fake News" in aller Welt – vor allem über Twitter und über bestimmte Fernsehkanäle. Wollte er darauf verweisen, dass eine Nachricht falsch, „getürkt", geschwindelt oder erfunden war, warf er ihn wie einen Speer auf die Zuschauer, Zuhörer oder Leser.

Der Ausdruck bekam plötzlich ein Eigenleben. Vor allem das politische Establishment, Linke und Rechte, bemächtigte sich des Begriffs und empörte sich. Jeder behauptete, die jeweils „andere Seite" löge, dass sich die Balken bögen. Dabei ist das Phänomen der gezielten Lüge im öffentlichen Raum nicht neu.

Viele weitere Ausdrücke befinden sich in der Nähe des Begriffs „Fake News". Wir haben bereits den Ausdruck „Desinformation" kennengelernt. Er lehrt uns, dass Geheimdienste systematisch und gezielt falsche Informationen in die Welt setzen – nebenbei bemerkt tun dies alle Nachrichtendienste der Welt. Ferner kennen wir die Ausdrücke Manipulation, Medien-Manipulation, Massen-Manipulation, Propaganda. Public Relations, Lügenpresse und Medienguerilla.

Immer geht es darum, darauf aufmerksam zu machen, dass wir irregeführt und mit gewaltigen Lügen angefüllt werden.

ERSTE ORIENTIERUNG

Um eine erste Ordnung in das Dickicht der Definitionen zu bringen, kann man folgende Unterscheidungen treffen. Es gibt
- Fake News im Rahmen der Politik,
- Fake News, die Nachrichten innerhalb der Wirtschaft betreffen, einschließlich des Finanzsektors und
- Fake News im religiösen Bereich.

Immer handelt es sich um gezielt in die Welt gesetzte Unwahrheiten.

Die meisten Fake News verfolgen politische Ziele. Oft ist auch die Absicht zu erkennen, mit einer Falschmeldung einen wirtschaftlichen Vorteil zu erringen.

Zum Phänomen der Fake News gehören falsche E-Mail-Adressen, die verwendet werden, Websites, deren wahre Betreiber im Dunkeln operieren und die eine andere Person vorschieben, Foren, in denen scheinbar „objektiv" diskutiert wird, während man in Wahrheit einer bestimmten Richtung das Wort redet und vieles mehr. Man segelt unter falscher Flagge und führt den Leser nicht nur durch eine getürkte Nachricht in die Irre, sondern lügt auch noch in Bezug auf den Urheber.

Mittlerweile kann man durch gezielte Fake-News-Kampagnen ganze Institutionen zerstören oder den Ruf einer Person oder eines Unternehmens ruinieren. Dann spricht man von Schwarzer Propaganda. Sogar Wahlen werden längst von Fake News beeinflusst. Es gibt eigene Firmen, die einen entsprechenden Service anbieten.

„Eine Wahlbeeinflussung kostet [gemäß] chinesischen, englischsprachigen oder russischen Anbietern bis zu 400.000 US-Dollar, die Provokation von Protesten bis zu 200.000, die Diskreditierung einer Journalistin beispielsweise bis zu 50.000."[1]

Um Fake News zu verbreiten, werden inzwischen raffinierte Computerprogramme eingesetzt, Smartphones und Tablets – es wird aus allen Rohren geschossen. Mit Fake News können Aktien in die Höhe getrieben oder Kurse zum Absturz gebracht werden – wie Insider wissen, kann man in beiden Fällen üppig verdienen.

Zahlreiche Maßnahmen gegen Fake News wurden beschlossen: Die Europäische Union engagierte sich in dieser Beziehung genauso wie Politiker in Tschechien, Frankreich, Deutschland, in den USA und in Polen. In TV-Anstalten, Magazinen und Internetportalen führte man FactChecks durch, um die Wahrheit auf den Königsthron zu heben. Facebook und Google bemühten sich und so fort …

Doch in Wahrheit werden alle politischen Bemühungen von „links" oder „rechts" gesteuert und finanziert und deshalb sind die Betreiber von Haus aus mit Vorurteilen belastet. Und die meisten Wirtschaftsunternehmen verfolgen im Grunde nur einen Zweck: Geld und nochmals Geld zu scheffeln – eine Einstellung, die der Wahrheitsfindung selten förderlich ist.

Jedem einzelnen von uns bleibt also nichts anderes übrig, als fürs Erste zu realisieren, dass wir in keiner Informationsgesellschaft leben, wie das immer wieder so stolz genannt wird, sondern in einer Desinformationsgesellschaft. Allein die Menge der Informationen und Daten, die täglich auf uns einstürzt, ist unüberschaubar. Also müssen wir uns selbst gegen Fake News immunisieren. Wir müssen uns wappnen gegen die Versuche, nach Strich und Faden manipuliert zu werden. Der erste dazu nötige Schritt ist, aus der Geschichte zu lernen. Die Historie hat den Vorteil, dass wir neutraler und objektiver urteilen können – die zeitliche Entfernung schafft eine angenehme Distanz, und die Wogen der Emotionen, die einst fast bis zum Himmel schlugen, haben sich nach einigen Jahrhunderten beruhigt.

Untersuchen wir in diesem Sinne einmal den (früheren) Begriff der Propaganda, der zwar nicht identisch ist mit Fake News, aber eine gefährliche Nähe zu ihm aufweist, denn auch er beinhaltet, dass nicht immer die Wahrheit gesagt wurde.

DER WEGBEREITER DER FAKE NEWS:
DIE PROPAGANDA

Interessanterweise stammt der Ausdruck „Propaganda" aus dem religiösen Bereich, bevor er von der Politik okkupiert worden. Das lateinische *propagare* bedeutet „verbreiten" oder „ausbreiten" – es ging um die Verbreitung des richtigen Glaubens.

Erinnern wir uns in gebotener Kürze: Luther (1483–1546) drosch zu seiner Zeit mit Wonne auf den Papst und die hohe Geistlichkeit ein. Er geizte nicht mit Fake News und Beschimpfungen und bezeichnete den Papst als „Satansbraten", als „Stellvertreter des Teufels" und als „Antichrist". Die Bischöfe waren für ihn „gottlose Heuchler", und Mönche „Flöhe, Mörder und Henker". Luther im Originalton: „Es wäre besser, dass alle Bischöfe ermordet [und] alle Stifte und Klöster ausgewurzelt würden". Das Ergebnis war, dass später tatsächlich zahlreiche Bauern viele Geistliche, wie Äbte oder Bischöfe, einfach aufknüpften. Sie hielten die Übertreibungen für handfeste Nachrichten, für Tatsachen.

Luther nannte den Papst einen „Sodomiten" und einen tollen, groben Esel, den Blitz und Donner erschlagen möge.

Fake News.

Ein Sodomit ist jemand, der mit Tieren Geschlechtsverkehr hat – und das entsprach im Falle der Päpste einfach nicht der Wahrheit.

Gleichzeitig verteufelte Luther auch die Juden, und das in einer Sprache, die uns noch heute das Blut in den Adern gefrieren lässt: „Es stimmt, … dass sie [= die Juden] giftige, bittere, rachgierige … Schlangen, Meuchelmörder und Teufels Kinder sind, die heimlich stechen und Schaden tun …"[2]

Blütenreine Fake News. Die Juden waren heilfroh, wenn sie selbst in Ruhe gelassen wurden. Und sie waren bestimmt keine Meuchelmörder.

Luther weiter: „Ein Christ hat nächst dem Teufel keinen giftigeren, bitteren Feind, denn einen Juden. Sie hören nicht auf, unseren Herrn Christum zu lästern, heißen die Jungfrau Maria eine Hure, Christum eine Hurenkind."[3]

Auch das entsprach nicht der Wahrheit. Die Juden hüteten sich, sich die Zunge zu verbrennen.

Die einzige Überlebenschance des Papsttums und des Katholizismus bestand darin, eine Gegenreformation und Reinigung der Kirche durchzuführen, um mittels Propaganda den wahren Glauben wieder Fuß fassen zu lassen. Und genau das geschah.

Die Speerspitze der Gegenreformation waren die Jesuiten. Ihnen gelang es, die „protestantische Flut" zurückzudrängen. Einen großen Teil Deutschlands, Böhmens, Ungarns und Polens führten sie zurück in den Schoß der „alleinseligmachenden Kirche". Sie gründeten zunächst in den gefährdeten Ländern Ordenshäuser. Sofern dies nicht möglich war (wie in Irland, England und in einer Anzahl deutscher Territorien), wurde das entsprechende Ordenshaus in Rom eröffnet, von wo aus die Jesuiten illegal in ein Land einreisten.

Von den Ordenshäusern aus sorgten sie für Predigten, für Seelsorge, für Unterricht, für die Beichte und die Bußen. Es scheint der Wahrheit zu entsprechen, dass sie bei den Sünden hoher Herren gelegentlich ein Auge zudrückten. Jedenfalls wuchs ihr politischer Einfluss.

Ihr größter Erfolg bestand darin, ganz Polen zurückzugewinnen, das sich bereits halb in den Händen der Protestanten befand. Sie rekatholisierten zuerst die Oberschicht, dann das einfache Volk. Aufgepeitscht durch hochemotionale Predigten wurden in der Folge evangelische Kirchen niedergebrannt und zerstört. Die Jesuiten wirkten darauf hin, dass der Neubau evangelischer Kirchen verboten wurde. Teilweise gelang es ihnen sogar, beim Abfall vom katholischen Glauben die Todesstrafe durchzusetzen.[4]

Bei all diesen Anstrengungen und um ihrer Propaganda Wucht zu verleihen, kamen auch Fake News zum Einsatz. Das heißt, selbst die Methoden der Jesuiten waren moralisch nicht einwandfrei. Sie beschuldigten ihre Feinde beispielsweise, vom Teufel besessen zu sein – reine Fake News. In beeindruckenden Shows, wie wir heute sagen würden, führten sie Teufelsaustreibungen durch. Sie gründeten Jesuitentheater, in denen alle möglichen Fake News verbreitet wurden.

Der Streit zwischen Katholiken und Protestanten eskalierte während des Dreißigjährigen Krieges (1618–1648). Die theologische Tollwut griff mehr und mehr um sich. Dabei ging dem Dreißigjährigen Krieg ein unbeschreiblicher Tintenkrieg voraus. Kein Schimpfwort war derb und schmutzig genug, um den Gegner zu verunglimpfen. Man bezeichnete sich wechselseitig als Schwein, Drecksau oder Mörder, die Frauen des Gegners wurden grundsätzlich als Huren tituliert. Unflätige Beschimpfungen flogen hin und her, man ersann die abenteuerlichsten Lügen, um dem Gegner eins auszuwischen: Die Geschichte von der Päpstin Johanna wurde erfunden – einer Hure auf dem Papstthron.

Fake News.

Die Päpste tanzten angeblich nackt um das Kreuz herum.

Fake News.

Die Jesuiten wurden unter anderem der Homosexualität und des Ehebruchs beschuldigt.

Fake News.

Die Katholiken schlugen zurück, mit gleicher Waffe. 1800 Publikationen, allesamt übelste Schmähschriften oder Schmachbüchlein, erschienen allein im Jahre 1618.

Und so erkennen wir sehr schnell: **Sobald sich zwei entgegengesetzte Parteiungen voller Wut und Hass bis aufs Messer bekämpfen, entstehen immer Fake News.**

Wir werden auf einige hochbrisante Fake News innerhalb der Religion noch zu sprechen kommen.

NOCH EINMAL: PROPAGANDA

Im 18. Jahrhundert bemächtigte sich eine französische Geheimgesellschaft des Begriffs „Propaganda", um revolutionäre Ideen zu verbreiten. Rabenschwarze Gestalten, wie Lenin, Stalin oder Hitler, nutzten im 19. und 20. Jahrhundert Propagandatechniken, um ganze Bevölkerungen zu manipulieren.

Kriegspropaganda wurde im Ersten und Zweiten Weltkrieg betrieben – von allen Ländern. Die feurige, aufpeitschende Rede, Hunderte rhetorischer Techniken und anklagende oder hochemotionale Plakate gehörten ebenfalls zur Propaganda. Selbst die Künste wurden für propagandistische Zwecke eingesetzt.

Nach 1945 wurde in der UdSSR und in der DDR Propaganda genauso betrieben wie in den USA und in der BRD. Die Regierungsform der Demokratie schützt nicht vor Lüge. Die Agitation/Propaganda in totalitären Staaten ist allerdings immer allumfassender und verlogener, während in demokratischen Staaten immerhin Gegenstimmen zugelassen werden.

Aber auch Folgendes stimmt: Der ehemalige Verteidigungsminister Franz Josef Strauß gründete 1958 eine Abteilung für „Psychologische Kampfführung", in deren Rahmen es ebenfalls um gezielte Fake News ging, die wie Gewehrkugeln auf den „Feind", also den Kommunismus, abgeschossen wurden.

Propaganda umfasste schließlich die Kunst, mit Scheinargumenten Land zu gewinnen, sowie mit Ablenkungstechniken, Auslassungen, Verallgemeinerungen, Verdrehungen und Verzerrungen. Eine ganze „Wissenschaft" entstand, wie man am besten lügt, Tatsachen verdreht und die Welt mit Fake News überzieht.

Dieses neue „Fachgebiet" ging Hand in Hand mit der Entwicklung einer Disziplin, die miniaturisierend gern Public Relations oder kurz PR genannt wird.

DIE GEHEIMNISSE
DER PUBLIC RELATIONS

Gehen wir zeitlich noch einmal einen Schritt zurück, um die Anfänge des systematischen Lügengeschäftes zu begreifen. Fragen wir uns zunächst: Was sind überhaupt Public Relations?

Nimmt man willkürlich 20 oder 30 Bücher über PR in die Hand, stößt man auf ein Phänomen: Fast alle Autoren bemühen sich um eine Definition – und liefern halbrichtige oder komplizierte, vereinfachte oder unzulängliche Begriffsbestimmungen. Zurück bleibt ein Schlachtfeld an Meinungen. Bestenfalls erhält man eine ungefähre Vorstellung davon, was PR ist.

Das Gebiet der PR ist bis heute nicht kodifiziert, obwohl durch ihre Methoden enorm Einfluss genommen werden kann, obwohl sie offenbar jeden Tag benutzt wird und obwohl man damit wahrscheinlich die Welt erobern kann. „Es gibt wohl keinen Begriff in der modernen Sprache, der so umstritten ist wie Public Relations", klagt PR-Guru Albert Oeckl in seinem Handbuch.[5] In den USA wurde durch Umfragen festgestellt, dass es für den Terminus „Public Relations" mehr als 2000 (!) Begriffsbestimmungen gibt. Oeckl bemüht bei seinem Versuch, Public Relations treffend und aktuell zu definieren, freundlicherweise „nur" ein Dutzend Definitionen, bei denen der Leser bereits den Anfang vergessen hat, sobald er ans Ende gekommen ist. Nur eine dieser Bandwurm-Interpretationen sei hier zumindest zur Hälfte zitiert, das Credo der *International Public Relations Association:* „Public Relations ... [versuchen] ... das Verstehen, die Sympathie und die Unterstützung derer, mit denen sie bereits jetzt oder in Zukunft zu tun haben, zu gewinnen und zu erhalten. Zu diesem Zweck muss die Organisation oder Institution die öffentliche Meinung, die über sie besteht, erforschen und ihr soweit als möglich die eigene Politik und das eigene Vorgehen anpassen, um anschließend durch systematische und weitgestreute Information eine produktivere Zusammenarbeit und eine größere Befriedigung der gemeinsamen Interessen zu erreichen."[6]

Etwas einfacher wird es, wenn wir die (deutschen) Übersetzungen des Begriffs „Public Relations" betrachten.

Die gebräuchlichsten Übersetzungen lauten:
- öffentliche Beziehungen,
- Beziehungen zur Öffentlichkeit,
- Pflege des Vertrauens zur Öffentlichkeit.

Carl Hundhausen, ehemaliger Nestor der PR, empfand die Verdeutschung des Begriffs von 1951 – Werbung um öffentliches Vertrauen – als unzureichend. Deshalb griff er 1957 auf das Original-Wort „Public Relations" zurück. Immerhin muss er hier zitiert werden, da er als erster deutscher Gelehrter den Begriff 1937 in die Literatur einführte: „Seit ich damals ... das Wort ,Public Relations' erstmalig ... gebraucht habe, kommen wir von diesem Wort einfach nicht mehr los. Wir starren wie fasziniert auf ein Wort, das ,an sich' überhaupt keine Lösung bedeutet und das in den meisten Diskussionen nicht mehr als eine leere Schale ist."[7]

Andere Autoren versuchten ebenfalls ihr Glück. Georg-Volkmar Graf Zedtwitz-Arnim schwankte zwischen
- Vertrauenswerbung und
- Öffentlichkeitsarbeit.

„Jede für sich ist jedoch nur bedingt richtig." Schließlich kam er auf den schlichten amerikanischen Trichter: „Public Relations heißt *Tu Gutes und rede darüber.*"[8]

Herbert Gross spricht alternativ von „Meinungspflege und Pflege der öffentlichen Meinung".[9]

Oeckl entschied sich endlich dafür, „dass das Wort Öffentlichkeitsarbeit die geeignetste deutsche Wortbildung für den Begriff ,Public Relations' ist". Nach ihm drückt sie dreierlei aus:

1. Arbeit mit der Öffentlichkeit,
2. Arbeit für die Öffentlichkeit und
3. Arbeit in der Öffentlichkeit.

Neben diesen Definitionen, die immerhin von Wortführern der PR-Disziplin unternommen wurden, gibt es einige andere flotte Begriffserklärungen. So wurden Public Relations definiert als ,die Aufgabe, dass es in den Kassen klingelt'; als ,aristokratischer Ausdruck für Pressearbeit' oder die ,Schwarze Kunst, die Leute davon zu überzeugen, günstig über eine Organisation zu denken, gleichgültig, ob diese Meinung gerechtfertigt ist oder nicht'".[10] Ein amerikanischer Magazin-Herausgeber lästerte: „Wenn Sie eine plausible Verkleidung für unredliche Gründe suchen, so engagieren Sie einen Public-Relations-Experten…"[11]

Wir nähern uns langsam der Wahrheit. Die Definitionen werden ehrlicher. Wir haben erneut die Fährte von Fake News aufgenommen.

Verräterisch ist es auch, wenn PR gleichgesetzt wird mit „Human engineering" oder als „die bewusste Anstrengung, Menschen zu motivieren oder zu beeinflussen, … damit sie gut von einer Organisation denken, sie respektieren, sie unterstützen und zu ihr stehen, was auch immer geschieht."[12]

Wieder ein Schritt in Richtung Wahrheit. Die Feststellung, dass „PR eine Anstrengung darstellt, die öffentliche Meinung durch akzeptable Techniken zu beeinflussen"[13] trifft den Kern der Sache. Denn es bleibt offen, ob dabei die Wahrheit zurechtgebogen wird oder nicht.

Abgesehen von den Methoden der PR, die manchmal offenbar auch zweifelhafter Natur sind, lässt sich PR nach ihren Zielen unterscheiden und nach der Absicht, die hinter einer PR-Kampagne steht. Die Ziele mögen destruktiver Natur sein (wie zum Beispiel das Image eines ehrenwerten Mannes zu unterhöhlen) oder konstruktiv (wenn man beispielsweise ein umweltfreundliches Produkt in der Öffentlichkeit lancieren will). Ein Ziel kann darin bestehen, die öffentliche Meinung zu ändern, ein anderes, sie zu neutralisieren, wieder ein anderes, sie nur zu konservieren. Ziele lassen sich also voneinander unterscheiden.

Grundsätzlich muss man einen Unterschied machen zwischen

1) Auftraggeber/Initiator,
2) Methoden,
3) Zielen und
4) anvisierten Zielgruppen.

EIN VERRÄTERISCHER BLICK
IN DIE GESCHICHTE

Public Relations nahmen ihren Anfang in den Vereinigten Staaten von Amerika.

Zur Erinnerung: Jung-Amerika hatte bis zur Mitte des 19. Jahrhunderts kaum Anlass, Public Relations im großen Stil zu betreiben. Nationale Massenkommunikationsmittel existierten allenfalls rudimentär. Doch schließlich setzte ein atemberaubender industrieller Boom ein: Das Eisenbahnnetz wurde um die Pazifik-Bahnen erweitert, und neue Wirtschaftszweige schossen wie Pilze aus dem Boden. Amerika empfing jeden europäischen Einwanderer mit offenen Armen, die Bevölkerung strömte in die Städte, die Maschinen begannen ihren Siegeszug und Massenproduktionen setzten sich durch. Kreuz und quer durch das Riesenland wurden Schienenstränge verlegt und Telegrafendrähte gespannt, Zeitungen und Zeitschriften gerieten zu Massenmedien. Die Presseherrschaft nahm ihren Anfang.

Diese Entwicklung begünstigte die Evolution der Public Relations, wie sie heute verstanden wird. Besonders ein Mann machte dabei von sich reden: Georg Westinghouse. Er hob angeblich 1889 die erste PR-Abteilung für seine kurz zuvor gegründete Elektrizitätsgesellschaft aus der Taufe, um sein damals revolutionäres Wechselstromsystem zu propagieren. Betrachten wir dieses Unternehmen genauer, denn es führt uns wieder auf die Spur von Fake News.

DER KAMPF DER GIGANTEN: TESLA CONTRA EDISON

Damals tobte ein PR-Krieg sondergleichen. Zwei Kontrahenten standen sich unversöhnlich gegenüber.

Auf der einen Seite stand die *Edison General Electric Company* mit dem Gleichstromsystem, die der Erfinder der Glühbirne, Thomas Alva Edison, gegründet hatte. „Edisons Beleuchtungssystem war … nach der Methode aufgebaut worden, den Strom zu verwerten, der in eine Richtung fließt, vom Generator zum Verbraucher … Die Elektrizität, die auf diese Weise verteilt werden konnte, war für praktische Zwecke auf etwa 250 Volt begrenzt, … die höchste Spannung, die für die Haushaltsversorgung als gefahrlos angesehen werden konnte … "[14]

Auf der anderen Seite stand der Erfinder Tesla, der von Westinghouse unterstützt wurde. Tesla entwickelte den Wechselstrom und erfand Motoren, die einfacher und flexibler waren als Edisons Gleichstrommotoren. „Seine Transformatoren lösten die Probleme, die es bei der Übertragung von Elektrizität über weite Entfernungen gab, indem der erzeugte Strom hoch transformiert wurde, bevor man ihn zu den Übertragungsleitungen beförderte und ihn dann herabsetzte, ehe er in die Häuser und Fabriken geleitet wurde."[15]

Auf diese Weise entbrannte ein Kampf um den Strom. Edison erkannte zwar die wirtschaftlichen Vorteile des Wechselstroms und wusste um Teslas Genie, doch hier ging es um einen Milliardenmarkt. Kaltblütig baute Edison auf die Emotionen, die die Öffentlichkeit des ausgehenden 19. Jahrhunderts gegenüber der Elektrizität empfand; die amerikanische Bevölkerung dieser Zeit hatte gegenüber Elektrizität die gleiche Einstellung wie heutzutage Deutsche gegenüber Atomkraft: Man hielt sie für nützlich, aber auch tödlich. Also setzte sich Edison für die „öffentliche Sicherheit" ein, die durch Wechselstrom angeblich bedroht war. Er lancierte eine zynische Werbekampagne für den elektrischen Stuhl als Hinrichtungsmethode für Verbrecher – durch eine hohe Voltzahl und Wechselstrom natürlich. Dabei unterstützten ihn nach besten Kräften sein PR-Berater Samuel Insull und sein ehemaliger Laborassistent Harold P. Brown. Dieser hatte 1889 unter mysteriösen Umständen drei Wechselstrom-Motoren von Westinghouse erworben, um sie an Gefängnisbehörden weiterzuverkaufen. Ein Jahr später wurde der Mörder William Kemmler im Auburn-State-Gefängnis durch Wechselstrom hingerichtet.

Edison benutzte also Schwarze Propaganda, um seinen Konkurrenten zu diskreditieren. Er schürte überall Angst – er machte gegen Wechselstrom mobil. Die Botschaft lautete: Wechselstrom ist lebensgefährlich, Gleichstrom ist besser.

Fake News.

Spätestens nach dieser Kampagne galt Wechselstrom bei einem Großteil der amerikanischen Bevölkerung als Synonym für Tod. Edison schien gesiegt zu haben.

Doch das Blatt wendete sich, als das Gespann Tesla/Westinghouse zurückschlug. Westinghouse engagierte den Journalisten E. H. Heinrichs als PR-Berater, um der Öffentlichkeit die wahre Geschichte zugänglich zu machen. Der Wirtschaftskrieg, der als erstes PR-Business-Duell größeren Stils bezeichnet werden kann, gewann an Intensität.

1903 beklagte sich Edison, alle Welt sei auf Wechselstrom versessen. Schon lange zuvor hatten seine Gesellschaften, deren Leitung ihm entglitten war, in ihrem Elektrizitätszentrum Wechselstrom zur Stromerzeugung und -verteilung übernommen – Gleichstrom behielten sie nur für lokale Verteilungsnetze bei.

Edison hatte also in seinem anrüchigen Kampf um die Gunst der öffentlichen Meinung auf das falsche Pferd gesetzt – und Fake News verbreitet. Letztlich siegten Westinghouse und Tesla, die Schwarze Propaganda-Kampagne wirkte nur kurzfristig.

Die Lehre daraus? Es ist möglich, Fake News das Wasser abzugraben.

PUBLIC RELATIONS UND KEIN ENDE

Ein weiterer Meilenstein der Public Relations lässt sich auf das Jahr 1900 datieren. PR begann hoffähig zu werden. Die *American Telephone & Telegraph Company* (A.T. & T.) gilt als eines der ersten Unternehmen mit einem ausgetüftelten PR-Programm: Um 1890 richtete sie – zunächst in Boston – eine Presseabteilung ein und tarnte sie nach außen als Schreibbüro. Nach jahrelangen Taktlosigkeiten und skrupellosen Machenschaften[16] adaptierte man nunmehr eine positive Unternehmenspolitik. Man beschloss, durch ehrliche, effiziente PR-Maßnahmen der schlechten öffentlichen Meinung zu begegnen. Im Klartext hieß das, die Bedürfnisse und Wünsche der Fernsprechteilnehmer zu berücksichtigen und alle Beschwerden systematisch zu beantworten.

Ebenfalls in Boston wurde zu Beginn des 20. Jahrhunderts die vermutlich erste PR-Beratungsfirma gegründet: *The Publicity Bureau.* Ab 1906 machte sie von sich reden – wegen ihrer intensiven Bemühungen, eine für die nationalen Eisenbahngesellschaften nachteilige Gesetzgebung abzuwehren. Das Bureau informierte die Presse und etablierte Zweigstellen im ganzen Land.

In der Folge zogen verschiedene Industriezweige nach. Nun ging es Schlag auf Schlag:

- Der christliche Verein Junger Männer (Y.M.C.A.) in Washington D. C. startete 1905 erstmalig eine Blitzkampagne, um 350.000 Dollar für ein neues Gebäude in die Kasse zu bekommen. Dafür wurde hauptamtlich ein Publizist/PR-Manager eingestellt – zum ersten Mal in der Geschichte der Kapitalbeschaffung.
- In der Folge bedienten sich auch andere Kirchen und gemeinnützige Organisationen dieser erfolgträchtigen Technik.
- Das US-Marine Corps eröffnete 1907 ein PR-Büro in Chicago und legte damit das Fundament für die gegenwärtigen PR-Großprogramme des amerikanischen Militärs.
- Die National Tuberculosis Association gründete 1908 ebenfalls ein PR-Büro.

- Das Amerikanische Rote Kreuz engagierte wenig später seinen ersten PR-Berater.

Anfänglich bezog sich die PR auf Einzelprojekte und einige wenige Firmen. Auch das Know-how steckte noch in den Kinderschuhen. Erst geraume Zeit später entwickelte sich eine regelrechte Wissenschaft daraus. Mit der Zeit wurde es für Unternehmen geradezu zur Pflicht, PR-Büros zu unterhalten beziehungsweise mit einer eigenen PR-Abteilung zu arbeiten.

Aus den Vereinigten Staaten schwappten die Public Relations nach Europa und auf andere Kontinente über. Vereinigungen bildeten sich, erste Bemühungen wurden unternommen, Codices festzuschreiben, die Schwarze Propaganda und fragwürdige Techniken unterbinden sollten. Doch Fake News waren von Anfang an Bestandteil der Public Relations, obwohl man das natürlich mit allen Mitteln zu verschleiern suchte.

Bemerkenswert ist, dass sich die Tendenz zum Missbrauch von PR-Techniken schon früh abzeichnete. Nirgends wurde die Schwarze Propaganda zu einer derart diabolischen Perfektion hochstilisiert wie unter den Kommunisten und den Nationalsozialisten.

Und wie sieht es heute aus?

Wir möchten noch einmal festhalten, dass ein fanatisches Gegeneinander, gewürzt mit Emotionen wie Wut, Hass und Zorn, zu Fake News einlädt. Besonders im politischen Raum gibt es heute zuhauf Fake News. „Rechts gegen links" lautet die Spielregel, die unsere Demokratie bestimmt.

Graben wir in dieser Beziehung also etwas tiefer.

AM VORABEND DER FRANZÖSISCHEN REVOLUTION

Diese Art zu denken, also dass sich die „Rechten" mit den „Linken" pausenlos bekriegen müssten, nahm während der Französischen Revolution (1789–1799) ihren Anfang. Sie übertrug sich in der Folge auf praktisch alle Demokratien der Welt: Wir begegnen ihr in den USA, Großbritannien, Deutschland, Italien und so weiter.

Mit „rechts" und „links" bezeichnete man ursprünglich – 1789 und in den Folgejahren – die Sitzordnung der französischen Abgeordneten, die von der Präsidenten- oder Rednerbühne aus gesehen entweder rechts, links oder in der Mitte saßen.

Damals in Frankreich sahen sich die „Linken" als Vertreter des einfachen Volkes. Es gab gemäßigte und radikale „Linke", in der Mitte befanden sich die *Indépendants* (die „Unabhängigen"). Die „Rechten" rekrutierten sich aus den Anhängern der Aristokratie und der Monarchie, aber auch aus dem gut gestellten Bürgertum und den Unternehmern.

Da sich während der Französischen Revolution die „Linke" nie mit der „Rechten" verständigte und man nicht systematisch darauf hinarbeitete, dass sowohl der einfache Mann anständig überleben konnte als auch der Unternehmer und finanziell Bessergestellte, da man kein Gleichgewicht zwischen diesen beiden Polen fand, sondern sich lieber wechselseitig die Kehle durchschnitt, da man sich nicht zusammensetzte und eine echte Lösung anstrebte, versagte die Französische Revolution in ihrem wichtigsten Bestreben: mehr Gerechtigkeit zu bringen. Stets fühlte sich entweder der Erfolg(-Reiche) oder der Arbeiter bedroht. Und so kam dieser neue Staat, dieses neue Frankreich, nie zur Ruhe. Abwechselnd bangten die „Linken" oder die „Rechten" um ihr Leben. Ein „Goldener Mittelweg" wurde nie gefunden. Weil beide Parteiungen nur ihr eigenes Süppchen kochten, gingen sie beide unter.

Güterverknappung, hohe Preise, Hungersnot, Inflation und Kriege waren die ständigen Begleiter der Französischen Revolution. Stets wechselten die mehr oder minder radikalen „linken" Vertreter in der Regierungsverantwortung ab mit den Konservativen. Die Herrschaft der „Linken" wechselte also ständig ab mit der Herrschaft der „Rechten". Die gesamte Französische Revolution über zeigt sich dieses Schauspiel: links/rechts/links/rechts/links/rechts.

Immer wenn das Pendel zu stark nach „links" oder „rechts" ausschlug, kehrte sich die Bewegung nach einiger Zeit automatisch um. Und so gelangte Napoleon auf den Thron, ein Tyrann, der in ganz Europa knietief im Blut watete.

DIE INTELLEKTUELLE FALLGRUBE

Das zweipolige Denken (= „rechts kontra links") ist bei Licht betrachtet ein sehr primitives Denken. Es erlaubt keine feinen Abstufungen, sondern führt zwanghaft zu Kontroversen. Es handelt sich um eine vorsintflutliche Art zu denken und zu operieren. Es denkt nicht in Lösungen, sondern in Problemen.

Sobald beispielsweise ein SPD-Mann eine glänzende Lösung für ein Problem vorlegt, muss er von der CDU geradezu abgebügelt werden. Denn es handelt sich ja um einen verbohrten „Linken". Umgekehrt gilt das Gleiche.

Richtiges, intelligenteres Denken hingegen lässt zahlreiche Abstufungen, viele Schattierungen und alle möglichen Meinungen und Lösungen zu. Hier bekämpft man sich nicht automatisch wechselseitig. Man behält das Wohl der Gruppierung oder eines Landes im Auge, nicht nur die eigene Person oder die eigene Partei. Ferner gestattet richtiges, intelligentes Denken, sich komplett außerhalb eines vorgegebenen Musters zu bewegen. Man befindet sich geistig außerhalb der „rechten" oder „linken" Schublade. Plötzlich gibt es Tausend andere Richtungen, vergleichbar einem Lichtpunkt, der dreidimensional in alle möglichen Richtungen ausstrahlen kann.

Doch jeder, der im politischen Raum in diese Fallgrube „rechts kontra links" gerät, neigt dazu, Fake News zu produzieren oder sie leichter zu glauben. Tonnen von Fake News erblicken heutzutage das Licht der Welt, vornehmlich von fanatischen „Rechten" oder „Linken".

FAKE NEWS ÜBER FAKE NEWS

In diesem Sinne ist es unsinnig, politische Magazine zu lesen oder TV-Re-dakteuren und Radio-Journalisten zuzuhören, die stramm „rechts" oder „links" stehen. Beide Seiten verkaufen Fake News.

Ein Beispiel: In den USA werden die „Linken" durch die Demokraten oder die demokratische Partei vertreten, die „Rechten" durch die Republi-kaner. Beide Parteien beklagen sich regelmäßig über Fake News der Ge-genseite.

Und so richtete der US-Fernsehsender CNN eines Tages eine Sektion ein, in der über Donald Trumps Fake News berichtet wurde – einem Re-publikaner oder Vertreter der „Rechten". CNN flickte Trump ordentlich am Zeug, der Sender überführte ihn zahlreicher Falschnachrichten. Der Haken an der Sache ist nur: Der Fernsehsender CNN steht selbst scharf „links" und berichtete folglich nie über die Fake News der Demokraten oder der „Linken".

Umgekehrt spezialisierten sich einige stramm „rechts" stehende Journa-listen des US-Fernsehsenders FOX auf die alleinige Berichterstattung von Fake News der „Linken". Die Republikaner ließ man außen vor. Auf bei-den Seiten fasste man sich also nicht an die eigene Nase.

Wir sind sicher, der geneigte Leser kann in Blitzgeschwindigkeit dieses Muster auf die Situation in Deutschland übertragen … Und so führt uns dieses Kapitel zu einigen wertvollen Einsichten.

Wiederholen wir:

Wenn zwei sich bekämpfende große Parteiungen voller Wut und Hass aufeinander eindreschen, entstehen immer Fake News.

Das Credo im heutigen politischen Raum lautet in den Demokratien: „rechts kontra links". Das allein lädt zu Fake News ein.

Deshalb sollte man allen Nachrichtensendungen misstrauen. Sie stehen fast immer selbst rechts oder links. Deshalb blicken sie nur durch die Brille ihrer eigenen Vorurteile und entlarven lediglich die Fake News der Gegenseite, denn das bestätigt ihr politisches Weltbild.

Außerdem werden in fast allen TV-News-Sendern „Nachrichten" sorgfältig daraufhin abgeklopft, ob sie sich nicht zum Wohle der eigenen Partei darstellen lassen. Sie werden frisiert. Damit fördern Journalisten gleichzeitig auch ihre persönlichen Karrieren.

Und so sehen wir uns heute diesem gewaltigen Nachrichten-Krieg gegenüber und Fake News auf beiden Seiten.

Keine kleine Ausbeute! Damit haben wir uns tapfer durch das Dickicht der wichtigsten Begriffsbestimmungen geschlagen. Nun empfiehlt es sich, noch einmal die Historie zu konsultieren, denn sie hält einige weitere Überraschungen bereit, und mit ihnen Erkenntnisse, die es in sich haben.

3. „HEILIGE MÄNNER"

Durchstöbert man systematisch die Geschichte nach Fake News, so fällt auf, dass Religionen einen guten Teil dazu beigetragen haben, erfundene und erschwindelte Nachrichten in die Welt zu setzen.

Doch halt! Diese Aussage sollte man sofort korrigieren: Generell trugen Religionen hauptsächlich dazu bei, dass sich Moral und Ethik verbesserten und die Gläubigen keine „Sünden" begingen. An den „Rändern" jeder Religion sorgten jedoch Fanatiker dafür, dass jeweils andere, konkurrierende Glaubensbekenntnisse verteufelt wurden.

Was lässt sich daraus schlussfolgern? Gedulden wir uns noch einen Augenblick. Zunächst müssen die Fakten auf den Tisch.

JUDENHETZE

Nehmen wir zunächst noch einmal die Lügen über die Juden aufs Korn. Wir haben es bereits im letzten Kapitel angedeutet: Fake News über Juden gab es bereits zu Luthers Zeiten – damit greifen wir jedoch deutlich zu kurz.

Schon der „heilige" Paulus drosch wütend auf die Juden ein, die sich seiner Meinung nach nicht rasch genug zum Christentum bekehrten –

oder gar überhaupt nicht. Seine Sprache war marktschreierisch. Er warf den Juden den Tod Christi vor und ebnete damit den Weg für Verfolgungen, die mehr als 2000 Jahre währten. Paulus beschuldigte die Juden generell, dass sie „ehebrechen, stehlen und Tempel plündern."[1] Er nannte den geistigen und religiösen Besitz der Juden „Dreck". Er wütete und tobte wider sie. „Euer Blut komme über euer Haupt", wetterte er. Und: „An den meisten von ihnen [= den Juden] hatte Gott kein Wohlgefallen, denn sie wurden niedergeschlagen in der Wüste."[2]

In der Apostelgeschichte wurden Juden als „Verräter" und „Mörder" gebrandmarkt, und im Johannes-Evangelium wurden Juden zum „Inbegriff der Schlechtigkeit". Dort waren und sind sie „Sprösslinge des Teufels" und „Söhne des Satans".[3]

Aber auch zahlreiche christliche Kirchenlehrer hieben später in dieselbe Kerbe: „Ihre [= der Juden] Führer sind Verbrecher, ihre Richter Schurken … sie sind 99mal so schlecht wie die Nichtjuden", urteilte der heilige Kirchenlehrer Ephraim. Kirchenlehrer Athanasius bezeichnet sie als „noch ärger als der Teufel". Und einer der größten Kirchenlehrer, der heilige Augustinus, nannte Juden „Mörder" und „aufgerührten Schmutz".[4]

Der Grund für all diese Anfeindungen liegt auf der Hand: Die Juden bezweifelten, dass Jesus Christus der lang erwartete Messias sei. Sie hielten Jesus weder für Gott noch für Gottes Sohn. Sie lehnten das Christentum ab. Und so braute sich ein furchtbares Unwetter über den Häuptern der Juden zusammen.

Hinzu kam weiterer Hass. Die Juden durften nur in wenigen Berufen arbeiten – beispielsweise als Geldverleiher. Und da sie in dieser Funktion mitunter satte Zinsen von Christen forderten, trug das zum Zorn auf sie bei.

Unzählige Gerüchte und Gehässigkeiten, Verdächtigungen und Verleumdungen wurden gegen Juden laut. In ihrem Gefolge entstanden schon bald die ersten Fake News.

DER HOSTIENFREVEL

Es ist heute nicht mehr mit absoluter Gewissheit festzustellen, wann das Märchen vom Hostienfrevel entstand, doch mit Sicherheit wurde es bereits im 13. Jahrhundert kolportiert. Eine der frühesten Geschichten, die man 1298 in einer der damals im Umlauf befindlichen Chroniken findet[5], liest sich folgendermaßen:

Ein Pariser Jude kaufte von einer christlichen Magd für 10 Pfund Silber eine geweihte Hostie. Er schaffte sie rasch zu seiner jüdischen Gemeinde. Die Mitglieder dieser Gemeinde schlugen hasserfüllt mit Messern und Nägeln auf die Hostie ein, konnten ihr seltsamerweise jedoch nichts anhaben. Schließlich gelang es ihnen, die Hostie in drei Teile zu schneiden. Dabei rann Blut aus der Hostie. Schnell legten sie daraufhin die drei Teile der Hostie in siedendes Wasser. Wenig später verwandelte sie sich in Fleisch und Blut …

Natürlich handelte es sich bei dieser Geschichte ganz klar um Fake News.

In der Folge wurde dieses Märchen immer wieder erzählt, teilweise in abgewandelter Form. Stets ging es darum, dass Juden geweihte Hostien in böser Absicht entwendeten oder irgendwie an sich brachten. Und stets nagelte man sie an die Wand oder traktierte sie auf eine andere Art und Weise. Und immer floss Blut.

Zwischen dem 13. und 16. Jahrhundert wurde diese Verleumdung hundertfach und tausendfach wiederholt, immer in Verbindung mit einem Raub oder Kauf einer Hostie. Mal wurde sie aus einer Kirche gestohlen, mal von einer Christin gekauft. Doch stets ging es darum, die Hostie zu „martern", um damit das Leiden Christi symbolisch zu verlängern und/ oder lächerlich zu machen. Das Volk fügte im Laufe der Zeit noch viele Details hinzu. Zu guter Letzt rankten sich zahlreiche Wundergeschichten um diese Geschichte, die Fake News wurden noch einmal getoppt. Auch die Gräuelgeschichten wurden aufgebauscht. Die Struktur der Geschichte blieb jedoch immer die gleiche. Heimlicher Diebstahl oder Kauf der Hostie – Marter der Hostie – Blutfluss.

Mit dieser Geschichte wollten fanatisierte Christen beweisen, dass der Hass der Juden auf die Christen und ihre Neigung, Gott zu ermorden, noch immer existierten. Die Nägel erinnerten natürlich an den Kreuzigungstod Jesu. Und die Dreiteilung der Hostie gemahnte an die Heilige Dreifaltigkeit. Die Verwandlung in Fleisch und Blut bezog sich auf das letzte Abendmahl im Christentum.

Es handelte sich also um sorgfältig auf die christliche Lehre abgestimmte Fake News. Dass Blut floss, bewies, dass das Christentum eine richtige Religion war.

Diese Räuberpistole wurde dazu benutzt, Juden an allen möglichen Orten und zu verschiedenen Zeiten totzuschlagen. Damit gingen unvorstellbare Grausamkeiten einher. Christliche Rotten – Raubritter, Bauernpack, Diebe, Gesindel und Mörder – rächten den angeblichen Hostienfrevel überall. Manchmal löschten sie ganze jüdische Gemeinden aus.

Die Fake News wurden manchmal sogar noch weiter verfälscht – indem man künstlich blutende Hostien als Beweisstücke vorlegte. Diese waren vorher natürlich entsprechend beispielsweise mit Tomatensaft präpariert worden.

Historiker resümieren: „Man muss wohl davon ausgehen, dass diese Propaganda [= der Hostienfrevel] Millionen Todesopfer forderte."[6]

Doch die Verleumder und Fälscher hatten noch mehr Pfeile im Köcher.

RITUALMORDE

Einer anderen Anschuldigen zufolge begingen Juden Ritualmorde. Christen bezichtigten Juden, sie entführten oder kauften Christenkinder, um sie ihrem Gott Jahwe zu opfern und Blut von ihnen abzunehmen. Angeblich wurde das Blut der Christenkinder als Heilmittel und/oder zur Herstellung von ungesäuertem Brot genutzt.

Auch diese Art von Fake News hielt zur Rechtfertigung von Lynch- und Justizmorden her.

Im Jahre 1144 beschuldigten Christen in England erstmalig Juden, ein christliches Kind entführt oder gekauft und anschließend gemartert zu haben. Wurden fortan christliche Kinder vermisst, richtete sich der Verdacht sofort auf die Juden. Das hörte sich dann folgendermaßen an:

„Seinerzeit kauften die Juden vor Ostern ein Christenkind und taten ihm all die Martern an, die unser Gott erlitten hat; und zu Karfreitag hängten sie es an ein Kreuz wegen unseres Gottes und dann beerdigten sie es. Sie dachten, es würde nicht entdeckt werden, aber unser Gott offenbarte, dass der Knabe ein heiliger Märtyrer sei, und die Mönche nahmen ihn und bestatteten ihn zeremoniell im Kloster, und dank unseres Gottes tut er großartige und vielfältige Wunder, und er wird St. William genannt."[7]

Äußerst praktisch war, dass dadurch gleichzeitig Wunder geschahen, was seinerseits zahlreiche Gläubige anzog.

Schließlich waren verschiedene, oft üppig ausgeschmückte Varianten im Umlauf. Wieder rechtfertigte man dadurch Pogrome. Ganze Judengemeinden wurden ausgelöscht. Solche Ritualmorde fanden in Deutschland, England, Frankreich, Spanien, Italien, Ungarn und Polen statt. Juden wurden gehängt, gefoltert, um Unmengen (Wiedergutmachungs-)Gelder erleichtert, vertrieben oder einfach totgeschlagen. Manchmal zogen solche wilden Räuberpistolen regelrechte Massenmorde nach sich.

Immerhin gab es auch mahnende Stimmen. Kaiser Friedrich II. ließ einen entsprechenden Ritualmord-Vorfall in Fulda im Jahre 1244 von zahlreichen Theologen untersuchen. Sie kamen zu folgendem Ergebnis:

„Weder das Alte noch das Neue Testament sagen aus, dass die Juden nach Menschenblut begierig wären. Im Gegenteil: Sie hüten sich vor der Befleckung durch jegliches Blut. Dies ergibt sich aus den Gesetzen des

Moses die hebräisch *Berechet* (Tora) ... [oder] *Talmillot* (Talmud) heißen. Es spricht auch eine nicht geringe Wahrscheinlichkeit dafür, dass diejenigen, denen sogar das Blut erlaubter Tiere verboten ist, keinen Durst nach Menschenblut haben können. Gegen diesen Vorwurf spricht: 1) der Horror dieser Sache; 2) dass es die Natur verbietet; 3) die menschliche Verbindung, die Juden auch den Christen entgegenbringen; 4) dass sie nicht willentlich ihr Leben und Eigentum gefährden würden.

Aus diesen Gründen haben wir im Konsens mit den regierenden Fürsten entschieden, die Juden des Reiches von dem schweren Verbrechen, dessen man sie angeklagt hat, freizusprechen und die übriggebliebenen Juden von allen Verdächtigungen frei zu erklären."[8]

Ungeachtet dessen wütete der Aberglaube weiter, die Stimme der Vernunft verhallte. Weiterhin wurden Hetzpredigten von der Kanzel heruntergeschleudert. Wenn christliche Kinder verschwanden, wies man sofort auf die Juden, die als Sündenbock herhalten mussten. Manchmal wurden Geständnisse auch unter der Folter erpresst.

Oft ging eine (finanziell einträgliche) Heiligenverehrung mit solchen Geschichten Hand in Hand. Prediger und Priester ließen etwa die Gebeine irgendeiner Leiche ausgraben, die angeblich Opfer eines jüdischen Ritualmordes geworden war – und erklärten die Knochen zu Märtyrer-Reliquien. Und Märtyrer konnten selbst nach dem Tod noch Wunder vollbringen und Menschen beispielsweise von allen möglichen Krankheiten heilen. Auf diese Weise entstanden neue Wallfahrtsorte – mit den vorgeblichen Märtyrerknochen im Mittelpunkt der Verehrung. Dazu brachte man noch ein paar Juden um und zog deren Besitz und Geld ein.

Die Ermordung der Juden ließ also manchmal eine zweite hübsche Geldquelle aufsprudeln, denn die (christlichen) Gläubigen konnten in der Folge herrlich ausgenommen werden. Wie viele Juden aufgrund solcher Vorwürfe das Leben verloren, ist bis heute unbekannt.

BRUNNENVERGIFTER

Eine dritte beliebte Variante der Judenverteufelung bestand darin, sie zu bezichtigen, Brunnen zu vergiften. Besonders als im Mittelalter in den Jahren 1346 bis 1353 in halb Europa die Pest tobte, suchte man nach einem Grund für diese entsetzliche Seuche – und stieß auf die Juden. In Windeseile verbreitete sich die Nachricht, dass die Seuche nur deshalb um sich gegriffen habe, weil die Juden das Trinkwasser vergiftet hätten. Die Söhne Abrahams wurden der Heimtücke geziehen und des „Schadenzaubers". Die Folge waren Pogrome, in der Hunderttausende von Juden starben.

Zwar zeigte man auch bei anderen Krankheiten und Seuchen schnell auf die Juden, aber die Pest war das Paradebeispiel. In Deutschland, Österreich, Frankreich Italien, Spanien und in der Schweiz machte man die Juden dafür verantwortlich.

Abermals wob man ganze Storys um diesen Vorwurf. Man raunte von Verschwörungen der Juden gegen die gesamte Christenheit und erzählte sich hinter vorgehaltener Hand, dass die Juden Aussätzige mit riesigen Mengen Gold und Silber bestochen und ihnen dann Pulvermittelchen in die Hand gedrückt hätten, die von den Aussätzigen in der Folge bei Nacht und Nebel in Brunnen, Quellen und Zisternen geschüttet worden seien. Wieder wurden solche Geschichten ausgeschmückt, die Fake News verselbstständigten sich. Daraufhin wurden Juden gejagt, festgenommen, gefoltert, auf Scheiterhaufen verbrannt und manchmal sogar gerädert – die furchtbarste Todesart.

Die Grausamkeiten rechtfertigte man auch dadurch, dass die Juden ja schließlich den HERRN umgebracht hätten. Und da sie ohnehin widerliche Wucherer seien, sei ihnen gleich doppelt alles Schlechte zutrauen.

Es gab Hausdurchsuchungen bei Juden, um die Mittel zu finden, mit denen sie angeblich die Brunnen vergiftet hatten. Durch barbarische Folter erpresste man falsche Geständnisse. Eine Hysterie ohnegleichen griff um sich, gespeist von der namenlosen Furcht vor der Pest, dem Schwarzen Tod.

Höchst praktisch war es dabei abermals, dass man das Bargeld und den Besitz der Juden gleichzeitig einziehen konnte. Wieder wurden ganze Judengemeinden vollständig ausgemerzt, in Deutschland allein etwa in Erfurt, Frankfurt am Main, Mainz, Koblenz und Köln. Manchmal verbrannte man die Juden in ihren Häusern und verzichtete darauf, eigene Scheiterhaufen zu errichten.

Bemerkenswerterweise kamen noch im 19. Jahrhundert in Bayern Gerüchte auf, Juden hätten den Hopfen im Bier vergiftet oder aber Zuckerwaren, um Christenkinder zu ermorden.[9]

DIE KREUZZÜGE

Auch während der Kreuzzüge wurden Juden in ganz Europa hingeschlachtet. Als Kreuzzüge galten nicht nur „heilige Kriege" nach Jerusalem, sondern auch alle anderen Gemetzel, die etwa unter heidnischen Slawen, Mongolen und orthodoxen russischen Christen angerichtet wurden. Besonders gern konzentrierte man sich auf Sekten, wie etwa die Katharer, die Bogomilen oder die Hussiten.

Die *Katharer* (griech. = die Reinen), die größte Sekte im Mittelalter, verbreiteten sich um 1143 vom Balkan aus über Mittel-, West- und Osteuropa und fassten vor allem in Spanien, Italien und Frankreich Fuß. Sie erhoben Armut und Askese zum Ideal und enthielten sich des Fleischgenusses und der Ehe. Bei den verschiedenen Kreuzzügen wurden sie grausam verfolgt und vollständig ausgerottet – „heilige" Männer riefen zu den Kreuzzügen gegen sie auf, also fanatisierte Päpste, Prediger und Priester.

Die Hussiten waren Anhänger von Johannes Huss, einem böhmischen Reformator, der von 1370 bis 1415 lebte und nach Rom pilgerte, um seine

Ansichten zu verteidigen. Obwohl ihm vom Papst freies Geleit zugesichert worden war, wurde er von der römischen Kirche als Ketzer verbrannt. In der Folge wurden Hussiten allerorten niedergemacht.

Die *Bogomilen* (slawisch = die Gottesfreunde) lebten ebenfalls höchst bescheiden und gingen gegen den Protz und den Prunk der etablierten Kirchen vor. Sie lehnten die Taufe, die meisten Sakramente und die Verehrung von Ikonen/Bildern ab. Zwischen dem 10. und 15. Jahrhundert breiteten sie sich vor allem in Bulgarien, in verschiedenen Balkanländern und in Russland aus. Auch sie wurden auf den Kreuzzügen umgebracht, wo immer man ihnen begegnete.

Während all dieser Kreuzzüge herrschte eine unvorstellbar religiöse Hysterie. „Deus vult!", schrie man, „Deus le volt!" oder „Gott will es!". Mit dieser Parole wurden gutgläubige Christen förmlich hypnotisiert und zu Mördern gemacht. Der Hauptschuldige dafür war Papst Urban II., der von 1088 bis 1099 im Amt war. Er setzte Christen in Trance und peitschte sie auf, bis sie mordeten und alles totschlugen, was ihnen unter die Augen kam. Andere Prediger und Päpste folgten seinen blutigen Spuren.

„Die Kreuzzugshysterie erreichte nie gekannte Ausmaße. Gemeine wie Edle schlossen sich den Zügen an. Deutsche, französische, flämische und lothringische verließen Weib und Kind. Selbst Frauen ergriffen das Kreuz. Es gab sogar eigene Bauern- und Kinderkreuzzüge. Ganze Familien hefteten sich das Kreuz auf die Schulter, auf Brust oder Rücken und zogen mit Kind und Kegel, mit Ochsenkarren, hölzernen Schwertern und Sicheln los, um die „Ungläubigen" aus dem Heiligen Land zu verjagen."[10]

Schon auf dem Weg nach Jerusalem wurde getötet und gemordet. Besonders gern meuchelte man Juden. In Frankreich, Deutschland, Serbien, Ungarn und Griechenland färbte sich der Boden blutrot. Überall wurden Menschen totgeschlagen, Hälse durchschnitten und Kinder und Erwachsene massakriert. Fanatische Prediger hielten die Hysterie aufrecht. Regelrecht „berühmt" wurden Hetzer und Prediger wie Bernhard von Clairvaux oder Peter von Amiens.

Es ist höchst bemerkenswert, dass man für jeden einzelnen Kreuzzug eine Einzelperson als Drahtzieher ausmachen kann, das heißt, spezielle Päpste, wie Urban II., später Papst Eugen III. (Amtszeit 1145–1153) oder im 13. Jahrhundert Papst Innozenz III., sowie genau identifizierbare Hetzprediger peitschten die Massen auf, bis das Blut in den Adern kochte.

Erfunden wurden alle erdenklichen Fake News – zum Beispiel dass die Christen im Heiligen Land unterdrückt würden oder dass die Moslems die heiligen Stätten der Christenheit besudelten. Die Hetzer bezeichneten Muslime als „Hunde, die ins Heiligtum gekommen sind" (Urban II.) oder Moscheen als „Teufelshäuser" und dichteten den Anhängern des Islam allerlei Schandtaten an. Es galt, die Wut am Kochen zu halten, ja den Zorn noch zu schüren – bis an den Siedepunkt. Das ging nur mit Fake News, mit immer neuen Schauermärchen, die jeder Grundlage entbehrten. Wer ins Gras biss, war letztlich gleichgültig: Moslems, Juden oder Sektenanhänger. Alles wurde ausgerottet, totgestampft und niedergemäht, was sich den fanatisierten Christen in den Weg stellte.

In Jerusalem angekommen, rasten die Rotten noch schlimmer – etwa auf dem Ersten Kreuzzug. „Da Jerusalem nur von tausend Mann verteidigt wurde, kam es, wie es kommen musste: Die heiligste Stadt der Erde fiel – unter dem ohrenbetäubenden Jubelgeschrei der Kreuzfahrer, die wüteten wie Berserker: Menschen wurden gefoltert, enthauptet, von Türmen gestürzt oder verbrannt. Frauen wurden erdolcht, Säuglinge von der Mutterbrust gerissen und über die Stadtmauern geschleudert oder an Pfählen zerschmettert",[11] berichtete ein Chronist. Anschließend umarmten sich die Kreuzfahrer, weinten heiße Tränen vor Freude und stürzten in die Grabeskirche, wo Christus nach seinem Tod angeblich aufgebahrt worden war.

ANDERE RELIGIONEN

Wer nun glaubt, mit den vorangegangen Zeilen sollte dem Christentum eins ausgewischt werden, irrt.

Auch die Anhänger des Koran bekleckerten sich nicht mit Ruhm. Schon Mohammed hatte die Losung ausgegeben: „Im Schatten des Säbels liegt das Paradies." Jedenfalls wurde auf beiden Seiten gemeuchelt und getötet, mit einer Mordlust, die uns heute noch schaudern lässt.

Es ließen sich demnach auch alle Kriege der Moslems genüsslich aufzählen; oder die zahlreichen Kriege auf indischem Boden, in denen Hinduisten und Moslems noch im 20. Jahrhundert wild aufeinander eindroschen und sich wechselseitig an die Gurgel gingen. Im Vorderen Orient bekämpfen sich heute noch, im 21. Jahrhundert, die Schiiten und die Sunniten, die beiden großen Glaubensrichtungen des Islam.

Der historischen Wahrheit halber müsste man also auf alle Kriege verweisen, die aufgrund religiöser Wahnvorstellungen, aufgrund von Vorurteilen und Fake News geführt wurden. So könnte man in zahlreichen Fällen studieren, wie und auf welche Weise Lügen in die Welt gesetzt werden, um eine Glaubensrichtung gegen die andere aufzuhetzen.

Heutzutage hat diese theologische Tollwut zumindest in einigen Ländern nachgelassen. Aber man sollte nicht den Fehler begehen, zu glauben, sie existiere nicht mehr. Deshalb ist es nach wie vor wichtig, einige bemerkenswerte Erkenntnisse in Stein zu meißeln.

WERTVOLLE EINSICHTEN

Innerhalb der Religionsgeschichte waren es immer Einzelpersonen, die die Flammen des Zorns auflodern ließen und Hass und Mordlust weckten. Gemeinschaften und Gruppierungen, Massen und Mengen wurden von Individuen aufgehetzt.

Das ist ein erstaunliches Ergebnis der Geschichtswissenschaft.[12]

Selten oder nie agiert eine Art anonyme Masse. Alle besitzen sie ihre Rädelsführer, Drahtzieher und Anführer. Wenn man sehr tief in die Geschichte eintaucht und sie sorgfältig studiert, kann man diese Einzelpersonen/Hetzer fast immer genau identifizieren.

Diese Hetzer nutzten die Technik der Fake News, um die Zerstörungswut „logisch" erscheinen zu lassen. Bereits bestehende diskriminierende Berichte wurden aufgegriffen und aufgebauscht oder neue erfunden.

Üble rhetorische Techniken, wie absichtliche Schwarz-Weiß-Darstellungen und Verallgemeinerungen, taten ein Übriges.

Es ist immer falsch, eine ganze Religion zu verteufeln, sei es das Christentum, den Judaismus oder den Islam – selbst wenn eine Glaubensrichtung schwere Schuld auf sich geladen hat.

Bei genauerem Hinsehen erkennt man, dass sogar die friedfertigste Religion zu Hass und Krieg, Verfolgung und Mord getrieben werden kann, wenn sich an ihrer Spitze eine destruktive Persönlichkeit befindet.

Religionen promoten im Allgemeinen zunächst den Frieden. Aber bloß ein Papst im Falle des Christentums oder ein paar fanatisierte, einflussreiche Prediger können eine ganze Religion pervertieren.

Es ist ein Fehler, in Sachen Intoleranz nur auf die Vergangenheit zu blicken. Selbst in einigen „zivilisierten" Ländern geht man heute noch gegen andere Religionen und Sekten vor. Sie werden mithilfe von Fake News diskriminiert und ausgegrenzt.

Sogar in der unmittelbaren Gegenwart gibt es in Deutschland beispielsweise „Sektenpfarrer", deren einzige Aufgabe darin besteht, andere kleine Religionsgemeinschaften auszugrenzen, weil sie als Konkurrenz empfunden werden. Sie warnen öffentlich vor ihnen und verbreiten ungehindert Fake News. Im Visier befinden sich unter anderem die Mormonen, die Zeugen Jehovas, zahlreiche christliche Religionsgemeinschaften, die nicht evangelisch oder katholisch sind, Transzendentale Meditationsgruppen und so fort.

Diese Sektenpfarrer stehen in der Tradition der Sektenjäger des Mittelalters. Manchmal werden sie sogar von staatlicher Seite unterstützt. Zahlreiche Gerichtsurteile kommen zu dem Schluss, dass diese Sektenpfarrer und Sektenjäger nicht selten Fake News einsetzten, die vor Gericht keinen Bestand hatten und nicht aufrechterhalten werden konnten.[13]

Die Fehler der Vergangenheit einzusehen ist leicht, die Fehler der Gegenwart zu erkennen hingegen schwer.

Entscheidend ist immer, welche Religion sich innerhalb eines Landes in der Minderheit befindet. In Ägypten und in anderen Ländern, in denen der Islam vorherrscht, werden beispielsweise nach wie vor Christen und Juden ausgegrenzt und diskriminiert.

Heutzutage in Deutschland ein „guter Christ" zu sein ist nicht schwer, in einigen arabischen Ländern hingegen zum Christentum zu stehen lebensgefährlich.

Die edelsten Männer der Geschichte riefen immer zur Toleranz auf, so etwa Voltaire, Gandhi oder Aschoka, der berühmte Inderkönig.

Nur absolute Toleranz gegenüber allen Sekten, Glaubensrichtungen und Religionsgemeinschaften kann den inneren Frieden innerhalb eines

Landes aufrechterhalten und Verleumdungen und sogar Massaker verhindern.

Wir müssen es jedem Menschen gestatten, nach seiner Fasson selig zu werden.

Das ist die Lehre aus der Geschichte, die wir in Stein hauen müssen.

Graben wir nun weiter nach wichtigen Einsichten in Bezug auf Fake News und untersuchen ein Thema, das uns heute noch staunen lässt.

4. UNHEILIGE FRAUEN
ODER DER GLAUBE
AN HEXEN

Man kann das Thema „Fake News" unmöglich unter dem Vergrößerungsglas betrachten, ohne gleichzeitig den Hexenglauben aufs Korn zu nehmen. Über kaum einen anderen Gegenstand wurde nämlich so viel zusammenfantasiert.

Alten, runzligen Kräuterweiblein oder auch jungen, hübschen Frauenzimmern wurde tatsächlich angedichtet, dass sie auf Besenstilen reiten, Menschen und Vieh verhexen und Krankheiten heraufbeschwören könnten. Angeblich standen sie mit dem Teufel im Bunde, mit dem sie manchmal wild und ausgelassen Unzucht trieben.

Die Fantasie überschlug sich. Auch fliegende Dämonen oder Monster, so wusste das Gerücht, dienten den Hexen mitunter als Reittiere, um sich in die Lüfte zu erheben, nachdem sie sich mit einer Flugsalbe eingerieben hatten. Diese Salbe wurde dem berühmtesten Hexenjäger Heinrich Kramer zufolge aus kindlichen Extremitäten hergestellt. Die Hexen flogen auf diese Art zum sogenannten Hexensabbat. Das war ein geheimer, abgelegener Ort (obwohl der Ausdruck eigentlich auf eine Zeit verwies), an dem zur nächtlichen Stunde ein zügelloser Tanz mit dem Satan persönlich aufgeführt wurde.

Hexen kopulierten gar mit dem Teufel – hieß es weiter. Und sie schlossen einen Pakt mit dem Satan: Eine Hexe verschrieb dem Satan ihre Seele, und im Gegenzug dafür wurde sie mit Reichtümern, Macht oder magischen Kräfte belohnt.

Die Story wurde nach allen Seiten hin ausgewalzt. Manchmal nahm man auch an, dass eine Frau vom Teufel in Gestalt eines Incubus (lateinisch *incubare* = oben liegen) heimgesucht wurde, des Nachts und im Schlaf. Darunter verstand man einen Dämon oder Geist, einen Stellvertreter Satans oder den Satan selbst. Der Incubus paarte sich mit einer Frau, ohne dass diese etwas davon bemerkte ... Und gerade das ließ diese Frau zu einer Gesellin des Teufels und zu einer Hexe werden.

Das Gegenstück war der Succubus (lateinisch *succumbere* = *unten liegen*), ein Dämon in weiblicher Form oder ein Teufel, der unbemerkt den Samen eines schlafenden Mannes stahl. Aufregende, unkeusche, perverse sexuelle Szenen wurden erfunden, um diese Teufelsbuhlschaft genauer zu beschreiben.

Jedenfalls konnte die Hexe schließlich ihren Schadenszauber oder ihre schwarze Magie zur Anwendung bringen. Mit Kräutern, Zaubersprüchen oder Flüchen, manchmal sogar durch einfache Berührung oder durch den „bösen Blick", vermochte sie Menschen und Tieren Krankheiten anzuhexen.

All diese Erzählungen hielt man für wahr. Die Fake News verbreiteten sich in Windeseile, sie übersprangen Grenzen und eilten von Land zu Land.

In der Folge wurde dieses Märchen immer weiter ausgeschmückt. Dichter und Poeten bemächtigten sich des Themas, Theologen und Astrologen, Erzähler und Folkloristen.

Weite Teile des Volkes glaubten wortwörtlich an die Existenz von Hexen. Und so dauerte es nicht lange, bis sich Hexenjäger und fromme Männer daran machten, Methoden zu erfinden, mit deren Hilfe sich zweifelsfrei feststellen ließ, ob ein Weib eine Hexe war oder nicht.

Zehntausende von Frauen wurden gejagt, eingekerkert, gefoltert und verbrannt. Alle möglichen weiteren Fake News wurden rund um die Hexe erfunden, die sie noch hässlicher, widerlicher und bösartiger erscheinen ließen – etwa während der Folter, wenn sie keifte, fluchte und ein Teufelchen aus ihrem Mund entfloh. Uns Heutigen verschlägt das alles schier die Sprache. Wir weigern uns anzunehmen, dass all diese Märchen für bare Münze genommen wurden.

Die wichtigste Frage lautet also: Wie konnten diese jede Vernunft entbehrenden Fake News überhaupt das Licht der Welt erblicken?

Grundsätzlich gibt es hierauf drei Antworten.

1. FRAUEN MIT MAGISCHEN FÄHIGKEITEN

Bemerkenswerterweise liegen all diesen Horrorgeschichten Good News zugrunde: In den verschiedensten Kulturen und zu vielen Zeiten glaubte man an Frauen, die mit magischen Kräften begabt waren. Anfänglich schrieb man ihnen meist Fähigkeiten der „weißen Magie" zu. Solche Frauen halfen selbstlos anderen Menschen, sie vermochten sie sogar von schweren Krankheiten zu heilen. Oft waren diese kundigen Kräuterfrauen mithilfe eines erstaunlichen medizinischen Wissens in der Lage, eine Person auf magische Weise schier wieder zum Leben erwecken. Sie besaßen zahlreiche „weiße" Fähigkeiten, um Unheil und „schwarze Magie" abzuwehren. Es waren Zauberinnen mit den besten Absichten, die mit Mächten im Bunde standen, die dem normalen Menschen nicht zugänglich waren. Sie konnten Flüche abwehren, standen manchmal mit guten Geistern in Kontakt und hatten eine besondere Verbindung zur Natur.

Früh unterschied man zwischen „weißer" und „schwarzer" Magie. Der Ausdruck „Hexe" wurde zunehmend, wenn auch nicht immer, der schwarzen Magie zugeordnet, während man edle Frauen in Feen umtaufte oder andere Bezeichnungen bemühte.

Es ist hochinteressant, dass der Glaube an (gute und böse) Hexen oder Zauberinnen in den unterschiedlichsten Kulturen Platz fand. In der slawischen und russischen Mythologie kannte und kennt man beispielsweise Baba Jaga – eine Hexe mit nicht nur negativen Zügen. Sie gab und gibt es bei den Tschechen, Polen, Slowaken, Serben, Russen, Ukrainern, Bulgaren und Griechen. *Baba* bedeutet in vielen slawischen Sprachen „alte Frau" oder „Großmutter". *Jaga* ist eine Abkürzung des weiblichen polnischen Vornamens Jadwiga.

Auch Baba Jaga unterlag Wandlungen. Ursprünglich war sie als Göttin für die Wiedergeburt zuständig und verhalf einem Menschen nach dem Tode zu einem neuen Körper, sodass er reinkarnieren konnte. Die Legende kennt sogar eine Baba-Jaga-Trinität aus Jungfrau, Mutter und alter Frau. Eine andere frühe Variante der Baba Jaga konnte Menschen mit Wasser beträufeln und dadurch Wunden heilen. Möglicherweise stand eine Kräuterfrau und Heilerin für diese Figur Pate. Sie war gütig, half Menschen und verteilte bisweilen großzügig Geschenke.

Später veränderte sich die Figur der Baba Jaga hin zu einer alten, bösartigen Waldfrau, die blitzschnell und behände war, eine schwarze Katze zur Begleiterin hatte und mit dem Teufel im Bunde stand. Eine machtvolle, kluge, konstruktive Gestalt mutierte zu einer bösen, unheimlichen, destruktiven Figur. Sie verfügte in einigen Erzählungen schließlich sogar über eiserne Zähne, verspeiste Menschen und schmückte ihren Gartenzaun mit den Schädeln der Opfer, indem sie sie auf die einzelnen Latten aufspießte. Wieder anderen Erzählungen zufolge konnte sie ihre Gestalt nach Belieben ändern und half dem Teufel, Seelen zu fangen – eine späte christliche Variante der ursprünglichen Erzählung.

Blicken wir uns noch ein wenig um.

Die Hexe Ragana erlangte in Litauen und Lettland Berühmtheit. Ursprünglich wurde auch sie zunächst weitgehend positiv gezeichnet. Sie war schön und verfügte über übermenschliche Gaben. Im Litauischen bedeutet *regeti* „sehen" oder „wahrnehmen", woraus sich das Wort *Ragana* ableitete. Anfangs handelte es sich also um eine Seherin oder eine Prophetin. Später mutierte Ragana zu einer Kindsentführerin. Sie entwickelte sich zu einer „bösen Hexe", die schwarzer Magie den Vorzug gab. Abermals ist eine Entwicklung von Gut zu Böse erkennbar.

Forschen wir noch ein wenig weiter.

Die Japaner kennen eine Berghexe namens Yamauba. Ursprünglich war sie eine liebende Mutter, die Waisen half, ja manchmal symbolisierte sie sogar die Liebe selbst, in all ihren Ausformungen. Sie befand sich in vollständiger Harmonie mit der Natur und wusste um verschiedene Heiltränke. Auch sie mutierte in verschiedenen Erzählungen zu einem hässlichen, alten Weib, das stets ungepflegt und nur in zerrissenen Kleidern umherlief. Mitunter wurde sie mit zwei Mündern dargestellt und mit Haaren, die sich in Schlangen verwandeln konnten. Sie vermochte ihr Aussehen nach Belieben zu verändern, lauerte Reisenden auf, die sich im Wald verirrt hatten, und verspeiste sie, nachdem sie sie ordentlich gemästet hatte. Die japanische Yamauba konnte Zaubertränke brauen und war eine erfahrene Giftmischerin.

Yuki Onna, eine Schneefrau oder Schneehexe, war ebenfalls eine japanische Figur. Gezeichnet wurde sie mit weißem Haar und weißem Kimono, ferner mit blasser Hautfarbe und fast transparent. Sie warnte vor aufkommenden Schneestürmen. Doch später lockte sie Bergwanderer auch in Schneegestöber und hauchte sie mit ihrem eiskalten Atem an, sodass sie erfroren.

Und so erkennen wir sehr rasch, dass es „weiße Hexen" gab, mit guten Absichten, und Hexen, die sich „schwarzer Magie" bedienten. Nicht selten entwickelte sich in den Legenden und Mythen der Völker die „gute Hexe" zu einer „bösen Hexe".

Damit verstehen wir zumindest einen Aspekt des Hexenglaubens etwas besser: Ursprünglich waren sie bloß mit übernatürlichen Fähigkeiten begabte Frauen, viele von ihnen anfangs konstruktiv. Das erste Drittel, das erste Rätsel rund um das Phänomen der Hexe ist gelöst. Noch einmal: Mit diesem Wort wies man auf besondere magische Talente hin.

Aber warum wurden viele Hexenfiguren für Krankheiten und viele andere negative Ereignisse verantwortlich gemacht?

2. DER ABERGLAUBE IM MITTELALTER

Um diese Frage zu beantworten, müssen wir ins Mittelalter und in die frühe Neuzeit zurück – also in die Hoch-Zeit des Hexenwahns oder des Hexenglaubens.

Gerne vergessen wird heutzutage, wie abergläubisch die Menschen dieser Zeit waren. Fast alle, auch erleuchtete Geister, glaubten an Zeichen, Vorzeichen, Wunder, Magie, Zauberei und Astrologie (die damals noch nicht von der Astronomie getrennt war) sowie an Dämonen und Geister. Die Menschen glaubten an Trolle, Elfen, Kobolde, Gnome, Zwerge, Oger, Drachen und Vampire. Sie nahmen an, dass es wirklich und wahrhaftig Werwölfe gab – also Menschen, die sich zeitweise in Wölfe verwandeln konnten. Die Seelen von Kindern, die ungetauft verstorben waren, schwebten irrlichternd über Sümpfen, so die allgemeine Meinung. „Niesen zur unrechten Zeit galt als böses Vorzeichen, dem man besser sofort mit einem *Gott segne dich!* oder *Zur Gesundheit!* begegnete."[1] Um Liebe zu erwecken, braute man bestimmte Tränke. „Die Empfängnis verhütete man, indem man dreimal einem Frosch ins Maul spie oder während des Beischlafs einen Jaspis in der Hand hielt."[2]

Verschiedene Amulette, Steine und Ringe wurden benutzt, um schwarzer Magie und dem Unglück entgegenzuwirken. „Das Hufeisen galt als glücksbringend, weil es die Gestalt des zunehmenden Mondes ... besaß."[3] Der Mond war einst eine Gottheit gewesen. Man versicherte sich also mit dem Hufeisen der Unterstützung eines früheren Gottes.

Im Mittelalter glaubte man fest und unverbrüchlich an Zaubersprüche, an schwarze und weiße Magie, an Dämonen, die man sich dienstbar machen konnte, und an Beschwörungen. Mit den richtigen Formeln, so nahm man an, vermochte man Fehlgeburten zu vermeiden und Krankheiten zu heilen. Selbst das Kreuzzeichen der Christen wurde als magisches Zeichen verwendet, um Unglück abzuwenden. Tränke, die bei Frauen oder Männern angeblich Zuneigung und Liebe erzeugen konnten, wurden zuhauf angeboten und fanden reißenden Absatz. Man war sich sicher, dass Dämonen oder Hexen Stürme und Krankheiten heraufbeschwören konnten. Krankheiten kam man mit Gebeten bei, Epidemien mit Prozessionen oder indem man versprach, eine Kirche oder Kapelle zu bauen. Auch die segnende Handbewegung war im Grunde nichts anderes als weiße Magie.

Scharlatane, die behaupteten, die Zukunft vorhersagen zu können, gab es in reicher Zahl. Einige Wahrsager gaben vor, alles aus dem Vogelflug erkennen zu können, wie seinerzeit im alten Rom. Aber man kannte auch die Handlesekunst (Chiromantie), die Bestimmung der Zukunft aufgrund der Windbewegungen (Aeromantie) und die Kunst, aus den Wasserläufen Voraussagen zu treffen (Hydromantie). Selbst mit dem aufsteigenden Rauch eines Feuers kam man dem Schicksal auf die Schliche (Pyromantie). Im Rahmen der Nekromantie versuchte man, Tote anzurufen und von ihnen zu erfahren, was die Zukunft bringe, zudem griff man gute Ratschläge auf. Auch die Bibel hielt für derartige Kunststückchen her: Man schlug die Bibel an einer beliebigen Stelle auf, zeigte mit dem Zeigefinger auf eine Stelle und erblickte einen Vers oder eine Zeile. Dann bemühte man sich, sie entsprechend zu deuten und auf die gegenwärtige Situation zuzuschneiden, sodass sich ein Ratschlag daraus ableiten ließ. Besonderer Beliebtheit erfreute sich die Astrologie. Alle Fürsten und Könige hatten ihre eigenen Hofastrologen. Kurz gesagt gehörte der Aberglauben zum Mittelalter wie die Pille zum Doktor. Er war typisch für das Früh-, Hoch-

und Spätmittelalter und selbst noch für die frühe Neuzeit. Und so verwundert es kaum, dass auch die Existenz von Hexen wie selbstverständlich angenommen wurde, zumal sie schon weitaus früher in anderen Kulturen aufgetaucht waren.

Im Umfeld der Hexe fanden sich viele Ausdrücke, wie Unholdin, Milchstehlerin, Bockreiterin oder Zeichendeuterin. Man sprach auch von *der Saga* (Wahrsagerin), der *Venefica* (Giftmischerin) und der *Maga* (Zauberin). Die *Malefica* konnte Schaden bringen, die *Fascinatrix* war mit dem bösen Blick begabt und die *Herbaria* war die Kräuterfrau – Latein herrschte noch immer vor, zumindest in Kreisen, die etwas auf sich hielten. Im Englischen sprach man vom *Wizard* als dem Zauberer und von der *Witch* als der Hexe. Explizit findet sich das Wort „Hexe" bereits im Jahre 1402.[4]

Und so haben wir den zweiten Grund dafür ermittelt, warum die Existenz von Hexen nicht infrage gestellt wurde: Die Zeit neigte dem Aberglauben zu, weil man sich bestimmte Dinge einfach nicht erklären konnte. Warum wurde die eine Person krank, die andere nicht? Warum brach ein Unwetter herein und vernichtete die Ernte? Was ließ die eigene Kuh sterben, die Kuh des Nachbarn jedoch überleben? Man suchte beinahe verzweifelt nach Erklärungen für unbegreifliche Ereignisse. Aus dieser Not heraus wies man rasch auf die Hexen. Plötzlich hatte man einen „Grund" für bestimmte Ereignisse, einen Sündenbock. Und da die gesamte Zeit ganz im Aberglauben befangen war, half die Existenz der Zauberfrauen und Hexen dabei, das Leben und die Welt ein bisschen besser zu begreifen. Selbst wenn dieses Verständnis falsch, ja aberwitzig war, so hatte der menschliche Verstand doch nun immerhin über einen „festen Punkt", an dem er sich festhalten konnte. Es war ein Erklärungsmodell.

Ferner gab es noch einen dritten Grund für den Hexenglauben.

3. CHRISTENTUM
UND HEXEREI

Das Christentum hatte die alten Götter abgelöst und aus dem Himmel verjagt. Aber es brachte in mancher Hinsicht auch eine neue Art Aberglauben ein, der vom Volk nur zu gern angenommen wurde. Noch strenger als zuvor wurde zwischen Gut und Böse unterschieden, zwischen Himmel und Hölle, zwischen Engeln und Teufeln – obwohl es Vorläufer zu alldem bereits in früheren Kulturen und Religionen gegeben hatte.

Im 12. Jahrhundert beschrieb ein Mönch die Hölle als einen Ort, „in deren Mitte der Teufel mit glühenden Ketten an einem brennenden Bratrost gefesselt ist. Seine qualvollen Schreie nehmen kein Ende. Mit seinen ungefesselten Händen packt er die Verdammten. Seine Zähne zermalmen sie wie Trauben. Sein flammender Atem zieht sie in seinen feurigen Schlund hinab. Hilfsteufel tauchen die Leiber der Verdammten abwechselnd in Feuer und eisigkaltes Wasser oder hängen sie an der Zunge auf oder zersägen sie oder klopfen sie auf einem Amboss flach … Unter das Feuer ist Schwefel gemischt, damit der üble Geruch die Gepeinigten mit einer weiteren Qual belastet."[5]

Der italienische Dichter Dante fügte in seiner berühmten *Göttlichen Komödie* weitere unappetitliche Schilderungen der Hölle hinzu.

Dem Volksglauben nach war der Teufel keine Erfindung, sondern existierte wirklich und wahrhaftig. Man belegte ihn mit zahlreichen Ausdrücken. Offenbar gab es ein ganzes Reich von Teufeln, die wie Dämonen durch die Luft schwirren und die Menschen zu Sünden verführen konnten. Man kannte Oberteufel und Unterteufel, ja eine genau ausgeklügelte Hierarchie im Reich des Bösen. Der Teufel bediente sich besonders gern der Reize von Frauen, die Männer mit ihrer Schönheit, ihrer verführerischen Kleidung, ihrem süßen Duft, ihren roten Lippen und dem scheinbar unschuldigen Augenaufschlag bezirzten. Frauen stammten schließlich von Eva ab, die Adam den Apfel gereicht hatte. Das Menschengeschlecht verdankte seinen Niedergang einer Frau. Frauen symbolisierten Sex – eine teuflische Fallgrube. Durch ein bloßes Lächeln, durch eine Handbewegung oder durch einen Blick konnte eine Frau die Sinne eines Mannes verwirren. Frauen waren verantwortlich für die Erbsünde. Sie erlagen den Listen des Teufels besonders leicht, denn Frauen waren von Natur aus schwach … – lehrte die Kirche.

Und so ist es nur allzu verständlich, dass Frauen so leicht verteufelt werden konnten. Von der Frau war es nur ein kleiner Sprung zur Zauberin und zur Hexe. Denn beim Weib handelte es sich um ein ohnehin gefährdetes Geschlecht, wenn es um Satan ging.

Aber wie sollte man der Herausforderung begegnen? Gottseidank fand man schon im Alten Testament einen Hinweis darauf. Dort waren Frauen, die Magie betrieben, mit der Todesstrafe belegt worden: „Zauberinnen sollst du nicht am Leben lassen"[6], hieß es bei Moses.

Selbst Luther glaubte an die Existenz von Hexen oder Zauberinnen. In einer Predigt schrieb er: „Es ist ein überaus gerechtes Gesetz, dass die Zauberinnen getötet werden, denn sie richten viel Schaden an, was bisweilen ignoriert wird, sie können nämlich Milch, Butter und alles aus einem Haus stehlen … Sie können ein Kind verzaubern … Auch können sie geheimnisvolle Krankheiten im menschlichen Knie erzeugen, dass der Körper verzehrt wird … Schaden fügen sie nämlich an Körpern und Seelen zu, sie verabreichen Tränke und Beschwörungen, um Hass hervorzurufen, Liebe, Unwetter, alle Verwüstungen im Haus, auf dem Acker, über eine Entfernung von einer Meile und mehr machen sie mit ihren Zauberpfeilen Hinkende, das niemand heilen kann … Die Zauberinnen sollen getötet werden, weil sie Diebe sind, Ehebrecher, Räuber, Mörder … Sie schaden mannigfaltig …, weil sie Umgang mit dem Satan haben."[7]

Und so bestand innerhalb der protestantischen Kirchen eine klare Absicht, Hexen aus dem Weg zu räumen.

Die Katholiken waren keinen Deut besser, ja vielleicht sogar noch schlimmer. Es gab regelrechte Hexenfachleute, also Geistliche, die sich auf dieses Gebiet spezialisierten. Heinrich Kramer, der Verfasser des *Hexenhammers*, war der Berüchtigste von ihnen. Er gehörte dem Dominikanerorden an, der generell für die Inquisition zuständig war.

Papst Innozenz VIII. (1432–1492) erließ im Jahre 1484 sogar eine sogenannte Hexenbulle, die auf Heinrich Kramers Einfluss zurückging. Hexen wurden auch hierin verdammt. Prediger erboten sich, Hexen zu identifizieren, und hetzten bei jeder passenden Gelegenheit gegen sie.

Abermals waren also einzelne Personen dafür verantwortlich, dass die Massen in Hysterie versetzt wurden. Nie schürte das gesamte Volk den Wahn, sondern das übernahmen immer konkrete Einzelpersonen.

Noch einmal: Zu den Hauptschuldigen zählten Papst Innozenz VIII. und Martin Luther. Die Führer der Christenheit droschen wild auf die Hexen ein, und mit ihnen verschiedene Prediger und Dominikaner.

Damit haben wir den dritten Grund ausgemacht, weshalb der Hexenwahn überhaupt um sich greifen konnte. Fassen wir zusammen:

1) Die Existenz der weißen und schwarzen Magie in früheren Kulturen und Zeiten,
2) der generelle Aberglaube im Mittelalter und
3) die Verdammung des Weibes an sich im Christentum sowie die Bulle eines Papstes und Luthers Predigten führten zu den Fake News.

DIE FOLGEN

Die Fake News über einzelne Hexen en détail aufzuführen, würde Bände füllen. Beschränken wir uns auf die Feststellung, dass in der Folge überall Frauen verfolgt wurden – in Deutschland, Österreich, Italien, England, in der Schweiz, in den Niederlanden, ja sogar in Schottland und Polen.

Am Ende des 14. Jahrhunderts und im Verlauf des 15. Jahrhunderts stand das Bild der Hexe endgültig fest: Die Jagd auf die Zauberinnen begann. Die Hexenverfolgungen erreichten zwischen 1450 und 1750 ihren Höhepunkt. Speziell während des Dreißigjährigen Krieges (1618–1648) stieg die Anzahl der Hexenprozesse sprunghaft an. Im 18. Jahrhundert wurde sogar an Universitäten darüber diskutiert, wie man Hexen am besten aufspüren und verfolgen könne.

Das Verfahren lief nach einem bestimmten Muster ab:

Zuerst wurde ein Gerücht laut, standen also Fake News. Denunziationen kamen hinzu, an einigen Orten griff ein regelrechtes Fieber um sich.

Daraufhin wurde die Hexe inhaftiert und in Kellergewölben oder Türmen eingekerkert. Man entkleidete sie vollständig und rasierte ihr die Haare ab. Anschließend untersuchte man sie am ganzen Körper nach Hexenmalen. Als solche galten etwa ein Muttermal oder eine Hautunreinheit, die der Teufel nach dem Bündnis auf die Haut der Hexe gedrückt haben sollte, gleich einem Stempel oder Siegel. Nebenbei bemerkt hat fast jeder Mensch eine Hautunreinheit. Dann stach man mit einer Nadel in das Hexenmal. Man glaubte, an so einer Stelle könnten keine Schmerzen empfunden werden und flösse kein Blut – dafür sorgte angeblich der Teufel. Verschwiegen wurde dabei jedoch, dass einige Nadel-Werkzeuge, mit denen zugestochen wurde, präpariert waren: Die Nadel fuhr zurück in den Schaft zurück, sobald sie die Haut berührte. Aufgrund dessen schmerzte es weder, noch blutete es.

Nachdem die Hexe auf diese Weise enttarnt worden war, befragte man sie „gütlich". Da sie natürlich nichts gestehen konnte, folgte die „peinliche" Befragung auf dem Fuß – mit verschiedenen Folterwerkzeugen, wie Daumenschrauben oder der Streckbank. Die Schmerzen waren so entsetzlich, dass am Ende praktisch jede Frau gestand, mit dem Teufel im Bunde zu stehen.

Infolgedessen wurde die angebliche Hexe zum Feuertod verurteilt. Die „überführte" Frau wurde an einen Pfahl auf einem Reisighaufen gebunden. Man zündete den Reisig an und verbrannte die Zauberin bei lebendigem Leib.

Die Schätzungen gehen weit auseinander, wie viele Hexen durch den Feuertod starben. Einige Experten vermuten, dass in Europa 3 Millionen Menschen der Prozess gemacht wurde. Rund 60.000 richtete man mit Gewissheit hin, doch die Zahlen differieren unter Fachleuten. Angeblich wurden allein in Deutschland 40.000 Hexen verbrannt.[8]

1793 wurde in Mitteleuropa, in Südpreußen, die letzte Hexe hingerichtet. Es ist besorgniserregend, dass es auch heute noch Zeitgenossen gibt, die an Hexen glauben. Und Hexenverfolgungen finden nach wie vor in Afrika, Südostasien und Lateinamerika statt.

FAZIT

Abermals erkennen wir, welche Konsequenzen Fake News haben können. Wieder zeigt sich, dass diese Art von „Nachrichten" in erster Linie auf bestimmte Einzelpersonen zurückgehen.

Als sich allerdings mehr und mehr Geistliche, Philosophen, Denker und Ärzte gegen diese barbarischen Hexenverbrennungen wandten, gingen die Hexenprozesse stark zurück und hörten schließlich in Europa ganz auf. Das beweist: Fortschritt ist möglich.

Es gibt nicht nur Menschen, die Fake News aktiv in die Welt setzen und sie unterstützen, sondern auch Zeitgenossen, die Fake News aktiv bekämpfen. Das sind immer und ausnahmslos mutige, identifizierbare Individuen.

Wer setzte sich denn für die Hexen ein? Wer waren die wahren Helden in diesem Schmierentheater?

Im Falle der Hexenprozesse können wir Gelehrte im Umkreis der Universität Tübingen ausmachen, die sich gegen Hexenverbrennungen aussprachen. Der Arzt Johann Weyer verfasste eine Schrift mit dem Titel *Von dem Blendwerk der Dämonen* (1563), in der er gegen den Hexenglauben zu Felde zog. Viele Fürsten untersagten in der Folge die Folter und die Todesstrafe für angebliche Hexen. Auch der Arzt Johannes Ewich sowie Cornelius Loos sind zu nennen. Der englische Arzt Reginald Scot und der protestantische Pfarrer Anton Praetorius schrieben ebenfalls gegen die Barbareien an. Der Jesuit Friedrich Spee publizierte schließlich das Buch *Rechtliche Bedenken wegen der Hexenprozesse* (1631) und setzte innerhalb der katholischen Kirche einen Prozess des Nachdenkens in Gang. Könige und Fürsten, Stadtoberhäupter und Bürgermeister ließen sich von all diesen Schriften beeinflussen und schafften die Hexenprozesse und den Flammentod für Zauberinnen ab.

Noch einmal, es ist ungeheuer wichtig: Es ist immer nur die Einzelperson, die gegen Fake News ihre Stimme erhebt.

Jeder von uns muss sich also entscheiden, ob er zu jenen gehört, die Fake News weitertragen, oder zu jenen, die Fake News den Garaus machen. Jeder von uns hat eine Stimme, der er Gehör verschaffen kann.

5. DIE GRÜNDERKRISE UND FAKE-NEWS

Verlassen wir die Scheiterhaufen und Schurken sowie die Herausforderer und Helden und wenden uns einem vollkommen anderen Thema zu – den Fake News auf dem Finanzsektor.

Wechseln wir dazu übergangslos Zeit und Ort, springen näher an die Gegenwart heran und betrachten eine andere Art getürkter Nachrichten, die besonders in der beginnenden Neuzeit auf die Menschen einstürmten – unter anderem durch all die Zeitungen, die wie Unkraut wucherten.

Im nachfolgenden Beispiel betrogen Bankiers die Menschen auf eine Art und Weise mit Fake News, dass man nur ungläubig den Kopf schütteln kann. Der folgende (historisch bestens belegte) Betrugsfall hat dabei den Vorteil, dass wir nach diesem Kapitel genau erkennen können, wie und auf welche Weise Menschen mit Aktien über den Tisch gezogen werden und welche Anzeichen mit großer Sicherheit verraten, dass etwas faul im Staate ist.

Kein kleines Versprechen! Stürzen wir uns mitten in das Ereignis.

DIE GRÜNDERKRISE

Heute fast vergessen ist die sogenannte Gründerkrise – eine Periode, in die Deutschland, Österreich, aber auch die USA und andere Länder im Jahr 1873 gerieten und über die heute kaum noch gesprochen wird.

Diese Krise ging von Deutschland aus. Verschaffen wir uns deshalb zunächst einen Überblick und fragen uns, in welcher Situation sich damals unser Land befand.

Kurz gesagt hatte Bismarck das Deutsche Reich gerade erst zu einer Einheit zusammengeschweißt. Vorher gab es auf deutschem Boden nur viele Einzelstaaten. 1864 schluckte Preußen mit seinem „eisernen Kanzler" an der Spitze erst Schleswig und dann Holstein. Dann besiegte es, wie nebenbei, bayerische, württembergische und badische Truppen und schlug 1866 die Österreicher bei Königsgrätz. Im Zuge dessen verleibte sich Preußen das Königreich Hannover, Frankfurt am Main, Kurhessen und Nassau ein. Wenig später war ein „Norddeutscher Bund" aus dem Boden gestampft. Bismarck köderte süddeutsche Staaten durch einen Zollverein, also mit wirtschaftlichen Vorteilen. Als dieses Preußen 1871 auch noch Frankreich besiegte und Elsass-Lothringen in seinen Besitz brachte, schlugen die nationalen Wellen hoch.

Die Konsequenzen waren beträchtlich: Es folgte die Gründung des Deutschen Reiches, das kurz nach dem deutsch-französischen Krieg per Staatsvertrag geschaffen wurde.

Die Stimmung war bestens. Aber zunächst musste Bismarck verhandeln: Mit Baden und Hessen wurde man schnell einig. Bayern und Württemberg waren etwas schwieriger zu gewinnen; sie erhielten schließlich spezielle Rechte im Militär-, Steuer-, Verkehrs- und Postwesen. Den dickköpfigen Bayern musste man sogar noch ein geheimes Zugeständnis machen, das erst 1917 bekannt wurde: Bei künftigen Friedensschlüssen waren bayerische Vertreter hinzuziehen.[1] Auf jeden Fall wurde nun der ehemalige preußische König zum Kaiser des neuen Deutschen Reiches ernannt. Die Kaiserproklamation fand am 18. Januar 1871 in Versailles statt. Überall schwärmte man davon, dass damit endlich „Deutschland" geschaffen worden sei. Erfolg, soweit das Auge reicht.

Im Endeffekt war dieses neue Deutschland also durch die Kriegsmaschinerie der Preußen geschaffen worden sowie durch einen im Grunde gewissenlosen Bismarck. Obwohl er später glorifiziert wurde, war Bismarck eine elende Figur. Das darf man nicht vergessen. Zahlreiche Rechtsbrüche säumten seinen Weg. Betrachten wir nur einige wenige Schurkereien:

- Bismarck ignorierte komplett die Ansprüche der Dänen, die ebenfalls an Schleswig-Holstein interessiert waren, und entschied die Streitfrage mit roher Gewalt.
- Österreich war vor dem Krieg gegen Schleswig und Holstein zunächst nach allen Regeln der Kunst eingeseift worden. Danach kündigte Bismarck die Bruderschaft auf und ließ seine Soldaten gegen die Österreicher marschieren. Bismarck paktierte heimlich mit ungarischen Revolutionären, mit denen der österreichische Kaiser seine Müh und Not hatte, und versorgte sie mit Geld, damit sie gegen die österreichische Monarchie mobilmachten und er leichter seinen Krieg gegen den „Bruder" gewinnen konnte.[2] Er verriet also seine Verbündeten, ohne mit der Wimper zu zucken.
- Bismarck löschte deutsche Fürstentümer einfach aus – mittels Intrigen, Kriegen, Listen.
- Auch Frankreich spielte Bismarck übel mit, er provozierte im Jahre 1870/71 regelrecht den Krieg. Danach war Frankreich diesem neuen Deutschland in ewigem Hass verbunden. Man geht nicht fehl, wenn man schlussfolgert, dass selbst der Erste Weltkrieg vielleicht nicht stattgefunden hätte ohne diesen Intriganten Bismarck, der ständig seine Verbündeten betrog, der durch Verträge und Rückversiche-

rungsverträge jedermann in Europa verunsicherte und der, nur nebenbei bemerkt, im neuen Deutschland die Freiheit unterdrückte. Denn Bismarck kämpfte gegen Sozialisten, gegen Priester, gegen die Religion, gegen Mönche, gegen Liberale, gegen die Vorläufer der CDU, gegen das Parlament, gegen Zeitungen und gegen Historiker.

Unseres Erachtens nach wird Bismarck noch heute von vielen Geschichtswissenschaftlern ganz falsch eingeschätzt.

Aber das neu geborene Deutschland feierte. Die Menschen jubelten und tanzten auf den Straßen. Sie schütteten wochenlang Bier in sich hinein. Endlich hatte man den „Erzfeind" Frankreich in seine Schranken gewiesen! Man hatte den aufmüpfigen, selbstgefälligen Österreichern gezeigt, was eine Harke ist. Man hatte die kleinen Fürstentümer einfach ausradiert und sie endlich einem größeren Ziel untergeordnet, das sich Deutschland nannte. Deutschland befand sich im Siegestaumel. Alles schien möglich.

Um diese Stimmung muss man wissen, schaut man sich die größte Finanzkrise, die es bis zu diesem Zeitpunkt gegeben hatte, einmal genauer an.

DER AUFSCHWUNG

In den Jahren 1870/71, als Bismarck die Franzosen in die Knie zwang und Deutschland aus der Taufe gehoben wurde, erlebte das Land eine Gründerwelle wie nie zuvor. Firmen und Unternehmen schossen wie Pilze aus dem Boden. Ein Eisenbahnnetz entstand, das sich quer durch dieses neue Deutschland zog und die Wirtschaft voranbrachte. Nun konnten Waren ohne lästige Zollschranken und umständliche Verkehrsanbindungen überallhin transportiert werden. Das Land blühte auf, und zahlreiche Aktiengesellschaften entstanden. Man musste die neuen Unternehmen ja schließlich finanzieren und mit Kapital ausstatten. Nie war die Stimmung besser. Außerdem musste dieses „verdammte" Frankreich ordentlich Reparationen an Deutschland leisten – über 5 Milliarden Francs, was heutzutage etwa 2,5 Milliarden Euro entspricht. 2,5 bis 3 Milliarden Francs flossen direkt in den deutschen Kapitalmarkt. Das kam der deutschen Wirtschaft abermals zugute, die einen Höhenflug ohnegleichen unternahm. Die Industrie, die sich zuvor auf Kriegsgüter konzentriert hatte, fokussierte sich nun auf den Frieden. Der Nachholbedarf war enorm: Jetzt musste man massenhaft Güter des täglichen Bedarfs produzieren. Und da es mit dem neuen Deutschland einen größeren Wirtschaftsraum gab, waren auch die Absatzmärkte gewaltig. Und so wurde eine Aktiengesellschaft nach der anderen gegründet. Allein 500 Aktiengesellschaften erblickten zwischen 1871 und 1873 in Preußen das Licht der Welt. Auch privates Kapital fand seinen Weg an die Börse. Da die Stimmung gut, ja geradezu hervorragend war, stiegen die Aktien in den Himmel. Das hatte zur Folge, dass sich auch zahlreiche neue Investoren für Aktien zu interessieren begannen. Nichts ist ja verlockender als das schnelle Geld. Das wiederum heizte die Spekulationslust an, die die Aktien in schwindelerregende Höhen schießen ließ. Viele Menschen gingen zu ihrer Bank und liehen sich dort Kapital aus, um damit an der Börse zu spekulieren. Obwohl sie es hätten besser wissen müssen, spielten die Banken mit.

Doch dann verdunkelte eine Wolke den Himmel der Aktienmärkte.

DER ABSTURZ

Die Wolke lag über Österreich. Anfangs beachtete sie niemand, denn es herrschte überall eitel Sonnenschein. Der Kaiser persönlich hatte für gute Stimmung gesorgt: Die Weltausstellung, die am 1. Mai 1873 in Wien stattfinden sollte, war generalstabsmäßig geplant worden. Nach dem Willen des Kaisers sollte sie ein Musterbeispiel für den Fortschritt in Österreich sein. Deshalb hatte es der österreichische Herrscher schlichtweg verboten, schlechte Nachrichten zu verbreiten. Die Presse war ans Gängelband gelegt und den Journalisten eingetrichtert worden, nur positive Meldungen zu veröffentlichen. Man befahl den Optimismus. Die Folge? Aufgrund der guten Stimmung stiegen die Aktien einige Monate vor der Weltausstellung in geradezu astronomische Höhen. Selbst die Immobilienpreise explodierten – nebenbei bemerkt nicht nur in Wien. Geld war überall leicht zu haben, und Spekulanten wurde das Leben leicht gemacht. Auch deutsches Kapital hatte seinen Weg an die Wiener Börse gefunden. Da in Bismarcks Landen die Wirtschaft brummte, musste haufenweise Geld angelegt werden.

Am 5. Mai 1873 kam es zu den ersten größeren Kursverlusten. Die Menschen wurden hellhörig. Einige Spekulanten bemerkten, dass nur eine Woche nach Eröffnung der Weltausstellung an einem Tag 120 Insolvenzen angemeldet wurden. Deshalb brachen verschiedene Aktienkurse dramatisch ein, woraufhin die Börse durch die Polizei geschlossen wurde. Bis heute spricht man vom „Schwarzen Freitag" in der Geschichte der Wiener Börse. Die Banken hielten sich jetzt bedeckt, Geld wurde nicht mehr so leicht ausgeliehen, sondern festgehalten. In der Folge büßten Anleger ihre Zahlungsfähigkeit ein. Das wiederum machte weitere Investoren misstrauisch, die nun ihre Papiere so schnell wie möglich veräußern wollten. Damit floss noch mehr Geld aus dem Markt ab. Eine Kettenreaktion entstand. Diese gestaltete sich schließlich so dramatisch, dass auch andere europäische und sogar amerikanische Börsenplätze in Mitleidenschaft gezogen wurden.

In den USA ging das Bankhaus *Jay Cooke & Company* Pleite, das vor allem in Immobilien und Eisenbahnen investiert hatte. Daraufhin wurde auch die New Yorker Börse geschlossen.

In Deutschland endeten zur gleichen Zeit die französischen Reparationszahlungen an Deutschland, sodass dieser Geldstrom versiegte. In Berlin musste schließlich eine Bank schließen und zog weitere Börsenunter-nehmen mit sich in den Untergang.

Das Ende vom Lied: In Österreich-Ungarn verschwanden ein Großteil der Banken von der Bildfläche sowie etwa die Hälfte der gerade gegründe-ten Aktiengesellschaften.[3]

Die Party war vorbei.

DAS ERGEBNIS

Kurz gesagt waren dies die Folgen: Die Zinsen für Kredite stiegen. Eisen-bahngesellschaften gerieten in Not. Die Produktion brach ein. Entlassun-gen und Lohnkürzungen folgten. Der Konsum ging zurück. Deutsche Aktien sanken im Sturzflug. Bankrotte, Selbstmorde und Tragödien sorg-ten für Pessimismus. Ein Großteil der Bevölkerung stürzte in bitterste Ar-mut, die über 20 Jahre lang währte. Die Arbeitslosenquote stieg und stieg. Insgesamt machten 61 Banken, 116 Industrieunternehmen und 4 Eisen-bahngesellschaften Bankrott – allerdings keine Großbanken! Die Immobi-lienpreise brachen ein und die Wirtschaft begann zu lahmen.

Bismarck verordnete Schutzzölle auf ausländische Importe, und andere Staaten ergriffen ebenfalls protektionistische Maßnahmen. All das würgte die Weltwirtschaft insgesamt ab. Verschwörungstheorien kamen auf. Man unterschied mit einem Mal zwischen guten, bodenständigen, deutschen Fabrikbesitzern und raffgierigen, blutsaugenden, jüdischen Finanzkapi-talisten. Die Welt kommt nicht ohne Sündenböcke aus.

Was waren die wahren Ursachen der Gründerkrise?

Nun, erst jetzt wird es wirklich spannend.

DIE ANALYSE

Historiker verschiedener Provenienz sind sich heute einig, dass die Kriegspolitik von Bismarck eine verheerende Rolle spielte. Ja, anfänglich nahm sich alles bestrickend aus, aber die riesigen Geldströme aus Frankreich heizten die Spekulation erst richtig an. Auch Siege können vernichtend wirken.

Bismarck selbst verdiente sich – nebenbei bemerkt – eine goldene Nase an der Börse: Sein persönlicher Bankier, Bleichenröder, kaufte heimlich in großem Stil Aktien für ihn.[4] Da sich Bismarck in der Politik bestens auskannte, er die Politik ja selbst bestimmte und vorantrieb, wusste er natürlich, worauf er setzen musste. Es genügte ihm nicht, vom deutschen Kaiser mit Geld und Titeln überhäuft zu werden. Bismarck bereicherte sich auch noch persönlich, ohne dass das bekannt wurde – es geschah alles hinter dem Rücken des Volkes. Heutzutage würde ein Politiker über ein derartiges Vorgehen stolpern, er würde des Insider-Wissens angeklagt und im Gefängnis versauern.

Einer der Drahtzieher der Ereignisse war also fraglos der zweifelhafte Herr Bismarck selbst.

Ferner wiesen Geschichtswissenschaftler auf die Überkapazitäten hin, die zu dieser Zeit in Deutschland produziert wurden. Viele Unternehmen waren bis über beide Ohren verschuldet. Da Geld fehlte, wandelte man viele Unternehmen rasch in Aktiengesellschaften um, wobei viele Betriebe völlig überbewertet waren und für das Mehrfache ihres realen Wertes Aktien ausgaben.

Eine besonders schäbige Rolle spielte in dieser Zeit die Presse. Sie überschlug sich zum Teil regelrecht mit guten Nachrichten, mit Artikeln, wie man ohne Probleme an der Börse schnell reich werden könne.

Fake News, Fake News, Fake News.

Die Zeitungen forderten die Menschen auf, massiv in Aktien zu investieren, und wurden selbst rund und fett dabei, weil sie auch an den immer häufiger geschalteten Inseraten verdienten. Wer es wagte, die Wahrheit zu sagen und auf die Probleme aufmerksam zu machen, wurde von ihnen zerrissen. Die Presse half sogar bei direktem Betrug: Bei einigen speziellen Aktien-Neuausgaben wies sie auf besondere Schnäppchen hin; die Unternehmer hinter den zweifelhaften neuen Aktien heuerten ihrerseits Menschen an, die ein Gedränge an den Bankschaltern vortäuschten, an denen die Aktien gerade verkauft wurden. Damit suggerierte man neuen, möglichen Investoren, wie begehrt die neuen Aktien waren.[5] Daraufhin berichtete die Presse eifrig von dem Run. Und so arbeiteten Presse, Bankiers und dubiose Unternehmer Hand in Hand in dem Bemühen, einen schnellen Reibach zu machen und Investoren das Geld aus der Tasche zu ziehen.

In den heißen Jahren 1871/72 fand sich praktisch jeden Tag ein neues, vielversprechendes Unternehmen an der Börse. Über den Tisch gezogen wurden vor allem die einfachen Leute, die die Inszenierung dieses Spiels nicht verstanden.

Fasst man also die Ergebnisse zusammen und sucht nach den Schuldigen, muss man als Erstes auf Bismarck verweisen. Und auch der österreichisch-ungarische Kaiser spielte eine dubiose Rolle. Als Zweites sind die großen und kleinen Bankiers zu nennen sowie betrügerische Unternehmer, an dritter Stelle die Presse.

Der Fairness halber dürfen die Bankiers nicht für die gesamte Zeit schuldig gesprochen werden. Auch sie agierten vor einem politischen Hintergrund. Allerdings waren sie gerissen und skrupellos genug, eben diese Zeitläufte skrupellos auszunutzen, es winkte ja fette Beute. Sie versuchten Politik zu interpretieren, Entwicklungen hochzurechnen und in bare Münze umzusetzen. Dabei heizten sie hinter den Kulissen systematisch die Börsen-Hysterie an. Sie steckten andere mit ihrer Gier an, sodass das rationale Denken völlig auf der Strecke blieb.

In ihrer namenlosen Geldgier vergaßen viele (meist kleinere) Bankiers, sich rechtzeitig aus dem überhitzten Markt zu verabschieden und machten selbst Bankrott. Nicht eben wenige wurden Wirkung einer Ursache, die sie selbst mit herbeigeführt hatten.

Manchmal ist Geschichte entsetzlich gerecht.

DIE LEHREN,
IN STEIN GEMEISSELT

Es ist nur zu offensichtlich, was man aus diesem Beispiel lernen kann:

Misstrauen Sie guten, himmelhochjauchzenden Nachrichten, wenn es um Aktien und um die Börse geht.

Natürlich wurden Journalisten am Gängelband geführt, sie wurden geschmiert. Untersucht man einmal rund fünfzig Finanzkrisen, die einem Hoch an der Börse auf dem Fuß folgten, stellt man immer wieder fest: Eine Hausse, also ein Bullenmarkt (frz. *hausse* = Anstieg oder Steigerung), wird fast immer künstlich herbeigeführt. Eine sich überschlagende und von wahnsinniger Euphorie begleitete Hausse wird hinmanipuliert, sie ist ein von bestimmten Drahtziehern kaltblütig inszeniertes Schurkenstück. In solchen Fällen findet sich hinter den Kulissen praktisch immer eine unheilige Allianz von

1. Spitzenpolitikern,
2. Großbankiers (und manchmal Unternehmern),
3. Journalisten und
4. Wissenschaftlern.

Dieses Spiel funktioniert auch heute noch: (Finanz-)Journalisten und (Wirtschafts-)Wissenschaftler werden vielfach bestochen, um Euphorie und gute Nachrichten zu verbreiten. Normalerweise sind sie recht günstig zu haben, wenn sie nicht ohnehin schon auf den Gehaltslisten der Finanz-haie stehen und schreiben, was ihnen „von oben" diktiert wird.

Fake News auf dem Finanzsektor werden also immer noch auf die gleiche Art und Weise produziert.

Der wahre Beelzebub sind allerdings nicht diese Schmierfinken, sondern Spitzenpolitiker im Bund mit Großbankiers, die sich unbemerkt von allen hinter den Kulissen die Hände reichen. Journalisten und Wissenschaftler gehören lediglich zum Personal der großen Finanzhaie. Sie sind im Grunde völlig unwichtig und sollen Investoren nur Sand in die Augen streuen. Sie stehen in diesem Spiel als Befehlsempfänger auf der untersten Stufe, selbst wenn sie sich zu „Autoritäten" aufplustern.

Wenn also die Presse im Verbund mit einigen gekauften Wissenschaftlern dem Volk das Paradies verspricht, ergreift der Profi-Investor die Flucht und verabschiedet sich von der Börse. Der unbedarfte, kleine Investor hingegen lässt sich an der Nase herumführen.

Top-Experten, wie beispielsweise die Nummer eins aller Fonds-Spezialisten, Susan Levermann, werten grundsätzlich gute Nachrichten von „Fachleuten" und „Wertpapier-Analysten" als unbestechlichen Indikator dafür, dass etwas faul ist und man *nicht* investieren sollte! Vor allem herausragend gute Nachrichten von Presse *und* „Fachleuten" bedeuten, sofort und unbedingt Abstand von einer Aktie oder der Börse überhaupt zu nehmen.[6]

Die eigentlichen Drahtzieher sind immer Spitzenpolitiker und Großbankiers, wobei die Politiker nicht selten selbst auf den Gehaltslisten der Großbankiers stehen. Eine Aktie wird erst künstlich hochgepushed, indem durch eine gekaufte Presse und von ein paar „Wissenschaftlern" und „Experten" massenhaft gute Nachrichten verbreitet werden, dann lässt man sie abstürzen.

Die Großbankiers und einige Insider kennen dieses Spiel natürlich, ja sie initiieren es eigentlich. Wenn die Aktie noch spottbillig ist, steigen sie ein und wieder aus, sobald der Siedepunkt erreicht ist, den sie selbst herbeigeführt haben.

Die Kosten für die Bestechung der Journalisten und der Wissenschaftler schlagen nicht weiter zu Buche, das Geld dafür bezahlen diese Bankiers oder andere Finanzhaie aus der Portokasse.

DIE WAHREN KONSEQUENZEN

Nun könnte man ja lässig abwinken, auf die Dummheit des kleinen, törichten Investors deuten und sich über ihn lustig machen. Man könnte zynisch darauf verweisen, dass der kleine Mann immer der Betrogene ist, sobald er sich in ein Schwimmbecken begibt, in dem sich die großen Haifische tummeln. Doch das ist reichlich kurzsichtig.

Man darf nie vergessen, dass Wirtschaftskrisen ein ganzes Land in den Abgrund reißen und nach unten ziehen können. Ja, eine von verantwortungslosen Bankern inszenierte Weltwirtschaftskrise vermag sogar die Welt an den Rand des (wirtschaftlichen) Kollapses zu führen, sie kann im Extremfall in einen Weltkrieg münden.

Betrachten wir in diesem Sinne nur einmal die Rolle der Großbankiers in der Weltwirtschaftskrise von 1929 – ohne Scheuklappen, schonungslos und auf eine Art, wie das Historiker heutzutage selten oder nie tun.

6. DIE WELTWIRTSCHAFTSKRISE 1929

Geschichte kann – wenn man sie richtig liest und vor allem die richtigen Schlüsse aus vergangenen Geschehnissen zieht – spannend wie ein Krimi sein.

Untersuchen wir deshalb die vielleicht größte und jedenfalls wichtigste Krise aller Zeiten einmal sehr gründlich. Dazu müssen wir uns über den großen Teich begeben und den Hintermännern einmal wirklich auf die Finger schauen, die die Weltwirtschaftskrise 1929 in den Vereinigten Staaten auslösten.

DIE SPEKULATIONSORGIE

In den USA strotzte man nach dem Ersten Weltkrieg zunächst nur so vor Selbstbewusstsein. Schließlich hatte man den Großen Krieg zu seinen Gunsten entschieden. Man war zur weltweiten Supermacht Nummer eins aufgestiegen. Ohne die Vereinigten Staaten von Amerika hätten England und Frankreich klein beigeben müssen. Zudem besaß man in den USA das vielleicht beste politische Glaubensbekenntnis der Welt: Hier wurde Geld nicht verteufelt, es gehörte zum guten Ton, exzellent zu verdienen. „Kapitalismus" und „Kapital" waren Positivvokabeln. Auch die Wirtschaft lief auf vollen Touren. Die Zeiten waren rosig, überall schossen Produktionsstätten aus dem Boden, und fast jeder fand Arbeit und Brot. Besonders die Automobilindustrie brummte, 1927 rollten über 4 Millionen Fahrzeuge vom Band.

Außerdem entwickelte sich die Börse hocherfreulich: Ab dem Jahre 1924 stiegen die Aktienkurse mehr oder weniger kontinuierlich. Die Renditen konnten sich sehen lassen. Man musste nicht besonders intelligent sein, um an der Börse Gewinne zu machen. Fast jeden Monat stiegen die Werte ein wenig. Ja, zugegeben, es gab einige kleine Rückschläge, etwa im Jahre 1926, aber die New Yorker Börse erholte sich stets schnell. Die Pessimisten waren im Unrecht und die Optimisten im Recht. 1927 schließlich begannen die Aktienwerte noch stärker zu steigen. Viele Menschen beobachteten erst ungläubig und dann mit höchstem Interesse, dass sich an der Börse relativ leicht sehr viel Geld verdienen ließ, wenn man nur aufs richtige Pferd setzte. Nicht gerade wenige Makler, Unternehmer und Leute, die Geld flüssig hatten, verdienten richtig viel mit ein paar läppischen Spekulationen. Das war interessant.

Selbst der sogenannte kleine Mann merkte auf. Man brauchte also nur etwas Bargeld und schon war man mit von der Partie. Dann konnte man dieselbe Geldquelle wie die Reichen anzapfen. Man konnte in aller Gemütsruhe beobachten, wie die Kurse höher und höher stiegen, während man gemütlich auf der Couch lag und eine Zigarre rauchte.

Nicht nur professionelle Spekulanten, sondern auch Leute, die der Börse bislang mit Argwohn gegenübergestanden hatten, begannen sich für diese Verdienstmöglichkeit zu interessieren. Bargeld ließ sich beschaffen. Das war offenbar nur eine ganz normale Ware, die man bei einer Bank kaufen konnte. Ja, man musste dafür zwar kräftig Zinsen bezahlen, aber grundsätzlich konnte jeder an diesem aufregenden Spiel teilnehmen, das die Börse bot. Und so stiegen etwa ab dem Jahre 1927 mehr und mehr Menschen in das Boot – auch Zeitgenossen, die nichts von Aktien verstanden. Spätestens 1928 befanden sich Hunderttausende von Amerikanern im Spekulationstaumel, die vorher nicht an der Börse mitgemischt hatten. Die Phase der Übertreibung an der Börse begann. Noch einmal: Auch der kleine Mann flüchtete von der (harten) Realität des Marktes in die (erhoffte) Idealität der Börse.

Banken, Zeitungen und Magazine spielten mit. Da immer neues, frisches Geld zur Verfügung stand, stiegen die Aktienkurse beständig. Die Zeitungen brachten in fetten Lettern regelmäßig Nachrichten über gigantische Gewinne. Infolgedessen wollten immer mehr Menschen mit von der Partie sein und bereits aktive Teilnehmer borgten sich immer größere Summen. Schließlich galt es, die Neueinsteiger zu übertrumpfen. Zeitweilig stiegen die Kurse an jedem Börsentag.

Die Großen der Branche spielten natürlich ebenfalls mit. Später wurde gemutmaßt, dass es Absprachen hinter den Kulissen gab, um die Kurse künstlich weiter in die Höhe zu treiben – doch dazu später mehr. Jedenfalls brach überall das Börsenfieber aus.

Nicht alle waren glücklich über diese Entwicklung. Aber Schwarzseher, die ein baldiges Ende der Hausse voraussagten, wurden einfach niedergeschrien oder lächerlich gemacht. Teilweise begegnete man ihnen sogar mit handfesten Drohungen.

Herbert Hoover, der im Herbst 1928 zum neuen Präsidenten der Vereinigten Staaten gewählt worden war, hatte ebenfalls seine Bedenken, behielt sie jedoch für sich. Auch die *Federal Reserve* (die Zentral- oder Notenbank der Vereinigten Staaten, FED abgekürzt) schwieg, obwohl hier einige Herren durchaus wussten, dass das Kasinospiel nicht jeden Tag so weitergehen konnte.

Wirtschaftsjournalisten schliefen gleichfalls, ja, sie tagträumten regelrecht. Sie versäumten es, auf die Gefahren der Börse aufmerksam zu machen. Sie denken ja gewöhnlich nur in kurzen Zeiträumen, und die fetten Headlines, die von immer neuen Gewinnen berichteten, verkauften sich besser als schlechte Nachrichten, die niemand hören wollte. Lediglich die

New York Times bildete eine Ausnahme. Doch viele Journalisten waren auch hier von bestimmten Großfinanziers gekauft worden, damit sie bestimmte Werte in den Himmel lobten – wir haben bereits darüber berichtet, wie dieses Spiel funktioniert. Insgesamt versagte die Presse kläglich, die sich doch eigentlich so viel auf ihre kritische Stimme einbildet.

Kurz gesagt: Die Investoren wurden mit Fake News überschüttet.

Auch Wirtschaftswissenschaftler bekleckerten sich nicht mit Ruhm, wir haben auch auf diese Spezies bereits aufmerksam gemacht.

Neue Aktien wurden nun am laufenden Band ausgegeben. Es entstanden viele der ganz großen Investment-Trusts, die nicht selten Hunderte, ja Tausende von verschiedenen Aktien in ihrem Portfolio hielten und sich angeblich darauf verlegt hatten, für den Anleger Geld „geschickt" und „raffiniert" zu vermehren – so jedenfalls die Werbung. Diese Investment-Trusts waren darauf angewiesen, dass ihnen ganz normale Investoren ihr Geld anvertrauten. Deshalb zogen sie alle Register der Public Relations: Sie holten sich beispielsweise die großen Namen der Wirtschaftswissenschaften in ihre Vorstandsetagen, um damit das Vertrauen der Anleger zu gewinnen. Ein Professorentitel besaß immerhin einen bestimmten Öffentlichkeitswert, besonders wenn dahinter eine renommierte Universität stand. Ein Doktortitel war ebenfalls nicht schlecht, ein klingender Name aus der Welt der Hochfinanz zog besonders gut. Aber auch andere bekannte Namen und Namen aus der Aristokratie wurden bemüht, um den Investment-Trusts Glanz zu verleihen. Praktisch jede Wirtschafts-Koryphäe, jeder Guru, wurde von irgendeinem großen Haifisch eingekauft. Und so waren die Stimmen aus diesem Lager insgesamt höchst positiv.

Mit anderen Worten: Die Wirtschaftswissenschaftler versagten kläglich. Da sie sich selbst die Taschen füllten, waren sie nicht im Mindesten daran interessiert, ihre Arbeitgeber zu verprellen, die sie so großzügig bezahlten – natürlich nur für gute Nachrichten. Einige Wissenschaftler spekulierten zudem selbst heimlich. Welcher Spekulant aber hätte je gegen seine eigenen Interessen angeschrieben?

Und so griff die wüsteste Spekulationsorgie um sich, die die Welt je gesehen hatte.

Geld konnte man sich zusammenpumpen, selbst wenn man 8, 10 oder 12 Prozent Prozent Zinsen dafür berappen musste. Wen störte das schon, wenn man an einem einzigen Tag seinen Einsatz verdoppeln oder gar in einem Monat verzehnfachen konnte? Und so flossen ungeheure Summen nach New York. Wer Geld besaß, borgte es gegen immer höhere Zinsen den Spekulanten, sofern er nicht selbst sein Glück versuchte. Immer mehr und immer höhere Kredite wurden aufgenommen. Die Leute schlugen sich regelrecht um neue Aktien, sobald sie ausgegeben wurden.

Aufgrund der ungeheuren Nachfrage hatten einige pfiffige Finanzjongleure, die den Braten rochen, nichts Eiligeres zu tun, als ständig neue Aktien aufzulegen. Dabei kam es nicht unbedingt darauf an, ob diese Aktien auch wirklich Substanz hatten – schließlich gab es genügend Käufer.

Die Banken spielten ebenfalls mit und hatten allen Anlass zu jubeln: Sie stellten bereitwillig Geld zur Verfügung, damit die Menschen Aktien auf Pump kaufen konnten. Die Banken konnten bei der FED für 5 Prozent Geld aufnehmen – und für 12 Prozent wieder verleihen. Die Banken borgten sich dort Unsummen Geldes. Man brauchte es ja nur von rechts nach links zu verschieben, und schon vermehrte es sich auf geradezu wunderbare Weise. Nie gab es eine bessere Zeit für Bankiers.

Auch viele Unternehmer verdienten kräftig. Die eingestrichenen Gewinne mussten ja schließlich angelegt werden. Und so floss Geld aus vielen Firmen an die New Yorker Wall Street, wo die Musik spielte und wo man sein Geld entweder gut verzinst „anlegen" konnte oder wo man selbst spekulierte.

Einige Unternehmen stoppten tatsächlich die Warenproduktion! An der Börse ließ sich offenbar sehr viel schneller, leichter und unkomplizierter Geld verdienen als durch harte Arbeit. Immer mehr Unternehmen liehen der Wall Street Geld.

Die ganz großen Unternehmen mischten ebenfalls kräftig mit. Die Rockefellers mit ihren Ölfirmen schoben regelmäßig Millionen US-Dollar zur Wall Street. Die großen Elektrogiganten waren mit von der Partie und Hunderte andere Firmen mehr. Die FED hatte nach einer gewissen Zeit kaum mehr Einfluss auf den Geldstrom, der zur Wall Street floss; denn Geld war überall leicht zu haben. Die großen Unternehmen stachen sogar die FED aus.

Trotzdem plagte die FED das schlechte Gewissen. Einige hier wussten nämlich genau, dass diese Orgie nicht ewig anhalten konnte. Einige kritische Stimmen warnten – ohne Erfolg. Falls die FED keine Spekulationskredite mehr bereitstellte, konnte man sich ja immer noch an die finanzkräftigen Unternehmen wenden. Makler verschafften stets Geld auf die Schnelle, auch wenn die Zinsen dafür immer höher stiegen. Da die Party weiterging, brauchte man sich um 12 Prozent – zuletzt waren es sogar 20 Prozent Zinsen – nicht weiter zu sorgen. Wer kümmert sich schon um Spielverderber?

Dennoch stieg die Spannung spürbar. Die Köpfe der FED trafen sich hinter verschlossenen Türen. Einige Player wurden unruhig. Doch da die FED keine offiziellen Verlautbarungen nach außen dringen ließ, beachtete man das geheimnisvolle Gebaren der obersten Finanzhüter nicht weiter.

Auch der Präsident der Vereinigten Staaten von Amerika schwieg.

Es gab einige beunruhigende Anzeichen: Ein paar wichtige Börsianer begannen vorsichtig, Papiere zu verkaufen. Verschiedene Banken verliehen auf einmal nicht mehr so großzügig Geld und hielten sich etwas zurück. Zudem sanken verschiedene Aktienkurse. Angst machte sich hier und da breit.

Doch bevor eine große Panik ausbrechen konnte, trat der Retter in der Not auf: Charles E. Mitchell. Der Vorsitzende einer der größten US-Banken saß als Direktor in der *New York Federal Reserve Bank* – einem Teilbereich der FED. Mitchell war eine Symbolfigur, der weiße Ritter, der aus dem Nichts auftauchte, um die schwarzen, bösen Dämonen der Börse zu bekämpfen. Er begann, die Börse zu stützen. Nein, die Party war noch nicht vorbei. Spekulanten, die mit höchsten Einsätzen gespielt hatten, dankten Gott auf Knien. Vor der Presse verkündete Mitchell lauthals, er würde der Geldknappheit abhelfen, für die die „böse" FED verantwortlich sei. Daraufhin fielen die barbarischen Zinssätze wieder, die auf 20 Prozent gestiegen waren. Mitchell warf Geld für 16 Prozent auf den Markt; immer noch ein satter Zinssatz, doch er signalisierte damit den Börsianern, dass die unmittelbare Gefahr gebannt sei. Die Party konnte weitergehen, Mitchell wurde als Held gefeiert.

Die Menschen wischten alle Anzeichen für einen Crash beiseite. Wir alle glauben am liebsten das, was wir glauben möchten, – nicht das, was wahr ist.

Abermals schlug die Begeisterung höchste Wellen. Die letzte Phase der Spekulationsorgie brach an. Da auch die Regierung nicht in den Markt eingriff, gab es nur eine Richtung: nach oben. Der Boom erreichte seinen Höhepunkt. „Niemals vorher und niemals nachher wurden so viele Menschen so schnell und so mühelos reich"[1] wie in der letzten Phase des Booms. Die Frauen der Spekulanten trugen die teuersten Pelzmäntel und den auffälligsten Schmuck, Prunk und Protz waren überall an der Tagesordnung. Chauffeure kutschierten die Big Player in New York mit dicken Schlitten hin und her. Und da die Chauffeure selbst auf die Börsenkurse wetteten, versuchten sie unablässig, einen „Geheimtipp" aufzuschnappen, während sie die Herrschaften herumfuhren. Sie spitzten die Ohren, wenn die wichtigen Herren laut nachdachten.

Papiere gab es genug zu kaufen. Längst war man auf den Trichter gekommen, noch mehr Aktien aufzulegen. Strom, Gas, Wasser, einfach alles wurde „zentralisiert". Viele kleine örtliche Firmen wurden zu großen Unternehmen zusammengeschweißt, damit man Aktien ausgeben konnten. Lebensmittelhersteller, Kaufhäuser, Filmtheater – alles wurde zu Aktiengesellschaften umgewandelt. Einige Investment-Trusts hatten Wertpapiere von bis zu tausend Firmen in ihrem Portfolio. Die Investmentfirma *Goldman und Sachs*, die auch während der Finanzkrise im Jahre 2008 nicht gerade positiv von sich reden machte, gründete eiligst die *Goldman Sachs*

Trading Corporation und schuf aus dem Nichts Aktien im Wert von 10 Millionen Dollar. Das ganz große Geschäft winkte.

Börsenmakler wurden steinreich, und auch die sogenannten Rinnstein-makler verdienten nicht schlecht, indem sie zweifelhafte Aktien an auswärtigen, kleinen Börsen, wie in Boston, San Francisco oder Cincinnati, verkauften. Doch die Musik spielte in New York. Überall wurde gezockt. Die Spekulation blühte wie nie zuvor. 400 Millionen Dollar wurden 1929 in einem einzigen Monat verliehen, damit man bei diesem Spiel nur ja dabei sein konnte.[2] Man riss den Geldverleihern das Geld förmlich aus den Händen. Denn es ließ sich ja problemlos vermehren.

Und alle applaudierten. Allen voran die Wissenschaftler und Journalisten, aber auch die Banker, die vielen Garanten dieses Booms zu sein schienen. Wer kannte sich in Geldsachen schon besser aus als sie?

Die größten Banken (*Chase* und andere) spekulierten selbst, was das Zeug hielt. Dabei füllten sich die Direktoren nachgewiesenermaßen auch persönlich die Taschen bis zum Rand. Sogar Frauen stiegen in den Ring; sie hatten sich bislang von der Börse ferngehalten. Damit entdeckten die Geldverleiher eine höchstlukrative Zielgruppe. Die Krankenschwester zockte und das Mannequin, die Hausfrau und die Sekretärin. Insgesamt engagierten sich zuletzt rund 1,5 Millionen US-Amerikaner an den 29 US-Börsen. Zocken wurde eine Art Gesellschaftsspiel. Selbst wenn man auf einem Ozeandampfer ein Meer überquerte, konnte man sicher sein, dass es eigene Räume gab, in denen man Aktien kaufen und verkaufen konnte.

Erst im September gab es die ersten kleinen Anzeichen für einen Crash. Sie wurden ausnahmslos ignoriert. Die Aktien vieler guter Firmen brachen ein. Einige witterten Gefahr und versuchten, ihre Papiere abzustoßen. Doch Auguren suchten das Publikum immer wieder zu beruhigen: Es handelte sich sicher nur um eine kleine Delle, eine winzige Korrektur der Börse, die bald schon wieder steil nach oben gehen würde. Glaubte man. Die Kurse schwankten weiterhin.

Hatte nicht der legendäre Mitchell einst bravourös das Schiff gerettet, als es das letzte Mal fast auf ein Riff gelaufen wäre? Hatten die Banker nicht selbst das höchste Interesse daran, dass das Roulettspiel weiterging? War ein Märchen nicht viel freudvoller als die Realität?

DER SUPERCRASH

Börse hat etwas mit Stimmung zu tun, mit Emotion, mit Psychologie und Massenpsychologie, wie bereits der Altmeister der Szene, André Kostolany, zu Recht feststellte. Und Massen reagieren nicht rational. Längst regierte in Sachen Aktienkauf und -preisen nicht mehr die Vernunft. Wer einigermaßen bei Verstand war, wusste, dass das Spiel nicht endlos weitergehen konnte.

Aber alle Kassandra-Rufe verhallten ungehört, alle Warnungen wurden in den Wind geschlagen. Man hatte sich ein Reich aus Träumen und Wunschvorstellungen zurechtgebastelt, das nach einer Weile „wirklicher" war als die Realität. Der Traum vom schnellen Reichtum hatte 1,5 Millionen Amerikaner in seinen Bann geschlagen. Man hatte scheinbar den Stein der Weisen gefunden.

Dass die Wirtschaft langsam einknickte, war das Erste, was vielen sauer aufstieß. In vielen Industriezweigen ging die Produktion zurück. Der Wohnungsbau hatte schon früher zu erlahmen begonnen. Dennoch legten sich verschiedene Gurus noch ein letztes Mal ins Zeug. Sie beschworen förmlich die Börse. Professionelle Gesundbeter traten ins Rampenlicht. Desungeachtet ließen sich einige Anzeichen nicht länger übersehen. Es gab keine einzelne Schreckensbotschaft, die den Crash auslöste; niemand stach mit einer Nadel in die Spekulationsblase. Vielmehr kippte die Stimmung, die von vielen kleinen negativen Nachrichten begleitet wurde. Als es offensichtlich wurde, dass die Aktien nicht weiter stiegen, begannen immer mehr Börsianer zu verkaufen. Das wirkte ansteckend. Einige Unternehmen brachen zusammen, ein gewisser Clarence Hatry wurde der Aktienfälschung überführt. Mit einem Mal griff Misstrauen um sich. Auch die Zeitungen berichteten nicht mehr so positiv wie bisher. Zwar gab es gute und schlechte Tage an der Börse, doch der Trend insgesamt ging zweifelsfrei nach unten. Außerdem wurde das Geld knapp, das vorher so leicht zu beschaffen gewesen war. Verschiedene Nobelaktien verloren deutlich an Wert – ein weiteres Signal. Bisherige Lieblingsunternehmen der breiten Masse wurden deutlich schlechter bewertet. Man sah mehr und mehr betretene Gesichter.

Und dann setzte sich Angst in die Nacken der Börsianer. Angst allerdings besitzt eine fatale Eigenschaft: Sie wirkt ansteckend. Sie griff um sich wie ein böser Dämon. Plötzlich wollte jeder nur noch verkaufen. Das löste einen Sog aus, der andere Aktienbesitzer mit sich riss.

Zwar gab es noch vereinzelte Lichtblicke, die die Herzen für ein paar Tage oder auch nur Stunden wieder höherschlagen ließ, aber insgesamt, so wusste man, war das Spiel vorüber. Jeder Verkauf demoralisierte. Die ersten riesigen Verluste wurden bekannt. Daraufhin wechselten noch mehr Aktien den Besitzer, man wollte die Papiere nur noch loswerden. Mit einem Schlag wurden ganze Vermögen vernichtet. Leute, die sich heute noch reich wähnten, fanden sich am nächsten Morgen am Bettelstab wieder.

Als die Panik um sich griff, gab es keine Rettung mehr.

Am 24. Oktober 1929, der als „Schwarzer Donnerstag" in die Geschichte der USA einging, herrschte nur noch namenlose Furcht und Konfusion. Es wurde auf Teufel komm' raus verkauft, jeder wollte so schnell wie möglich Abstand zwischen sich und die Börse bringen. Aber viele Aktien fanden keine Käufer mehr, Geld war knapp. Das ließ die Kurse noch weiter abstürzen.

Zuletzt schlug man sich förmlich darum, wer zuerst und am schnellsten verkaufen konnte. Immer neue Hiobsbotschaften machten die Runde, von denen einige stimmig waren, andere nicht. Immerhin war so viel richtig, dass sich einige Spekulanten das Leben nahmen. Sorgfältige historische Recherchen bewiesen zwar später, dass die Selbstmordquote damals nur unbedeutend anstieg, doch darauf kam es nicht an. Wichtig war, dass man diesen Gerüchten Glauben schenkte.

Die Fake News funktionierten auch in die andere Richtung. Offenbar waren einige Player so verzweifelt, dass sie zu dem letzten Ausweg Zuflucht nahmen, der ihnen blieb. Das senkte die Moral und die Stimmung weiter.

Menschen, die heute noch auf einem hohen Ross gesessen hatten, die in feinem Zwirn dahergekommen waren, gingen auf einmal in Lumpen.

Natürlich wurden allerorten eilig Sitzungen anberaumt. Als die Menschen davon hörten, dass sich die Spitzenbanker zu einem Meeting getroffen hatten, keimte noch einmal ein Funke Hoffnung auf. Die Kurse stagnierten einen Atemzug, sie blieben kurzzeitig stehen. Würden sich die Herren des Geldes wieder dazu bereitfinden, die Kurse zu stützen? Würden sie neues, frisches Geld in den Markt pumpen, damit das Elend ein Ende hatte?

Gebeutelte Börsianer atmeten auf, als die Kurse für eine kleine Weile wieder stiegen, ein wenig. Doch die Börse hatte sich längst verselbstständigt. Wenig später stürzten die Aktien ins Bodenlose, unaufhaltsam. Männer nahmen Abschied von rassigen Autos und Frauen, von in Gold gefassten Juwelen. Nun überschlugen sich die Horrormeldungen.

Trotzdem versuchten ein paar Meinungsführer immer wieder, das Volk zu beruhigen. Nur glaubte ihnen niemand mehr. Nur noch vereinzelt gingen wenige davon aus, dass der Tiefflug endlich beendet sei. Sie kauften in der Hoffnung, dass sich der Markt konsolidieren würde – wenn auch auf niedrigem Niveau. Doch auch sie wurden enttäuscht.

Selbst die pfiffigen Spekulanten, die sich für allwissend hielten und für klüger als der einfache Mann von der Straße, der zu früh die Flinte ins Korn geworfen hatte, wurden von den Ereignissen überrollt. Auch wenn der Kurssturz kurzzeitig stoppte, so tat er das nur, um sich wenig später fortzusetzen.

Die Banker beraumten ein Meeting nach dem anderen an, ohne Erfolg. Längst hatten sie ihre Vorbildfunktion eingebüßt, ihre stabilisierende Wirkung war ohnehin dahin. Politiker sahen machtlos zu, wie die Börse Milliarden vernichtete und Menschen unglücklich und arbeitslos machte. Millionen von Aktien wechselten im letzten Augenblick den Besitzer – zu erbärmlichen Preisen. Der Markt bewegte sich mit der Eigendynamik eines Tsunami, niemand konnte ihn aufhalten. Einige verzweifelte Großkapitalisten verkauften ganze Aktienpakete, ganze Aktienblöcke, zu niedrigsten Preisen, während ihnen die Tränen über die Wangen strömten.

Sogar nach dem „Schwarzen Donnerstag" setzte sich das Chaos an der New Yorker Börse fort. Die Panikstimmung erfasste das gesamte Land.

Nicht nur die Lemminge, die jedem Trend nachliefen, gingen unter, sondern auch viele gerissenen Dealer und Banker gerieten in diesen Strudel. Es traf selbst die Geldintelligenz, wie man, manchmal mit unterdrückter Schadenfreude, beobachtete. Denn auch einige Großbanker machten verheerende Verluste, – sie, die bislang als Stütze des Systems, ja vielleicht als dessen Erfinder gegolten hatten.

Die Börse fraß alles, was sich ihr in den Weg stellte. Auch Bankiers, Millionäre und Milliardäre zogen nun systematisch ihr Geld ab. Das trug zu einem weiteren Kursverfall bei. Eine sinnlose Pressekonferenz nach der anderen wurde anberaumt, aber niemand hörte mehr auf Politiker oder Bankiers. Man überlegte, die Börse zu schließen, entschied sich dann aber dagegen. Überall im Land sah man Unternehmen ihre Pforten schließen. Zu viele hatten sich verspekuliert, hatten gar ihre Produktion eingestellt, nur um an der Börse ihrer Spielleidenschaft zu frönen. Zahllose Gerüchte machten die Runde, die die Banker in ein immer schlechteres Licht rückten. Sogar den schwerreichen Investment-Trusts ging die Luft aus. Ihre übersteuerten Papiere setzten ebenfalls zu einem atemberaubenden Sturzflug an.

Als die Menschen merkten, dass selbst die ausgekochten Profis auf die Nase fielen, machte sich erst Angst, dann Schadenfreude und zum Schluss

Zorn und Hass breit. Waren nicht sie es gewesen, die sie dazu verführt hatten, zu zocken, bis man Haus und Hof verlor? Waren es nicht die Bankiers mit ihrem breiten, selbstgefälligen Lächeln, denen man aufgesessen war und die sie an der Nase herumgeführt hatten? Vielleicht waren sie die Wurzel allen Übels? Einem Investment-Trust nach dem anderen wurde der Todesstoß versetzt. Die besten, feinsten Aktien wurden für ein Butterbrot verkauft.

Die Nachrichten blieben negativ, Pessimismus ergriff das Land.

Eine Woche nach dem „Schwarzen Donnerstag" sprangen die ersten Spekulanten aus dem Fenster. Die Presse stürzte sich auf diese Sensationsstorys und schlachtete sie aus. Man fand Leichen auf den Bürgersteigen, Leichen angesehener Finanzleute. Das versetzte viele Menschen in einen Schockzustand. Ein Selbstmordkandidat sprang in einen Fluss. Doch als er schon fast im Wasser versank, änderte er seinen Entschluss. Er schrie um Hilfe und wurde gerettet.[3] Vielleicht lohnte es sich doch nicht, für Geld zu sterben.

Mitten im Elend grassierte ein furchtbarer Zorn. Man verlangte nach Schuldigen, nach Opfern. Irgendjemand musste geschlachtet werden. Die Stimmung unterschied sich nicht wesentlich von den Emotionen im Altertum, als die Götter mit Menschenopfern wieder versöhnt werden sollten.

Es wurde bekannt, dass weit mehr Menschen als gedacht Geld unterschlagen hatten, um an der Börse zu zocken. Rechnungsprüfer wurden eingesetzt, um den kleinen und großen Langfingern auf die Schliche zu kommen. Nicht nur Hochkaräter und Bankiers waren mit Geld sehr sorglos umgegangen, sondern auch kleine Angestellte. Das Spekulationsfieber hatte selbst konservative, honorige Persönlichkeiten erwischt. Sie alle wurden jetzt genüsslich aufs Korn genommen.

Der Präsident der Vereinigten Staaten schaute dem Treiben ziemlich hilflos zu. Hoover richtete einige salbungsvolle Worte an seine Landsleute, wie man es von Politikern gewohnt ist. Mit viel Spektakel wurde wenig gesagt. Auch im Kreise der Politiker jagte ein Meeting das andere, aber „hinten heraus", wie das einst Bundeskanzler Kohl so ungewollt komisch ausdrückte, kam nichts.

Dabei stand das Land in Flammen. Die Fördermengen von Kohle und Stahl gingen zurück. Die Automobilindustrie lahmte. Vorboten einer wirtschaftlichen Katastrophe zeichneten sich am Horizont ab. Die Menschen hielten jetzt ihr Geld zusammen. Eilig wurden die Steuern ein wenig gesenkt, aber das war nur ein Tropfen auf den heißen Stein.

Gouverneure und Unternehmen, Banker und Wirtschaftsfachleute gaben sich im Weißen Haus die Klinke in die Hand – doch abgesehen von einem bedeutsamen Palaver, das möglichst publikumswirksam verkauft wurde, geschah nichts.

AM PRANGER

Nach wie vor verlangten die Menschen nach Schuldigen. Deshalb wurde nach Sündenböcken Ausschau gehalten. Man erinnerte sich daran, dass die Wirtschaftswissenschaftler versagt hatten. Einige verkrochen sich in Mäuselöcher und ließen nichts mehr von sich hören, andere suchten sich zu rechtfertigen und zu erklären, warum sie sich geirrt hatten. Man zerriss sie in der Luft. Einst hoch angesehene, unantastbare Autoritäten wurden von 1930 bis 1934 schneller demontiert, als man Luft holen konnte.

Auch Unternehmern war man nicht hold, hatten sie doch einen Gutteil zu dem Börsenfieber beigetragen. Nur die professionellen Klatschmäuler, die Journalisten, ließ man links liegen.

Immer wieder nahm man die Banker ins Visier. Sie waren für den ganzen Schlamassel verantwortlich! Warum hatten sie die Börse nicht gestützt? Warum hatten sie einen solchen Wahnsinn zugelassen? Speziell die großen Banken standen unter Beschuss. Mitchell, einst das Symbol des Wohlstands, der dafür gesorgt hatte, dass das Kasino noch eine Weile geöffnet blieb, geriet ebenfalls ins Kreuzfeuer der Kritik. Als herauskam, dass er mit den Aktien seiner Bank umfangreiche Manipulationen vorgenommen und sich persönlich immens bereichert hatte, richtete sich die Wut eine Weile gegen ihn. Mit beträchtlicher Verzögerung, erst im Jahre 1933, kam es in New York zu einem Prozess gegen ihn.

Mitchell geriet jedoch schnell in Vergessenheit, weil der neue Präsident Franklin D. Roosevelt von sich reden machte. Kurz gesagt wurden die Republikaner (die „Rechten") mit dem Fiasko der Wall Street identifiziert, während die Demokraten (die „Linken") weitgehend ungeschoren davonkamen – schienen sie doch eher auf das Wohl des kleinen Mannes bedacht zu sein. Nun wurde die Börse verteufelt. Bankiers wurden verteufelt.

Endlich wurden die „Schurken" vor den Senat zitiert. Ein gewisser Ferdinand Pecora, die Geißel aller Banker, war berüchtigt für seine gnadenlosen Untersuchungen – selbst bei Finanzgöttern. Wir werden auf seine von ihm zutage geförderten, hochbrisanten Ergebnisse später zu sprechen kommen. Nur so viel schon vorab: Makler und Spekulanten, Bankiers und Unternehmer hatten alle gleichermaßen gezockt, was das Zeug hielt. Rockefeller war in die Ereignisse rund um die Börse genauso verwickelt wie Joe Smith oder Lieschen Müller. Trotzdem fahndete man verzweifelt nach *dem* Verantwortlichen.

Wer war nun wirklich verantwortlich für das Desaster?

Schieben wir die Beantwortung dieser Frage noch einen kleinen Moment auf, denn wir müssen zuerst untersuchen, was aufgrund der US-Krise in Deutschland geschah.

DIE KRISE IN
DEUTSCHLAND

Der Börsenkrach in den USA weitete sich zu einer Krise aus, die fast den gesamten Globus erfasste. Wellenartig breiteten sich die Bad News aus, mit den entsprechenden Konsequenzen. Nur einige wenige Länder blieben verschont, wie etwa die Sowjetunion. Die schlechten Nachrichten schwappten auch auf Europa über und lösten dort überall eine Krise aus. In Deutschland allerdings hatte sie eine besonders verheerende Wirkung, weil hier die Wirtschaft noch längst nicht auf die Beine gekommen war. Betrachten wir, um uns nicht zu verzetteln, nur die Ereignisse in Deutschland und Österreich.

In wirtschaftlicher Hinsicht war die Weimarer Republik noch nicht aus dem Schneider, der kleinste Lufthauch konnte sie umblasen. Als die Weltwirtschaftskrise im Jahre 1929 von den USA nach Deutschland übergriff, trat eine Kettenreaktion ein. Unversehens begriff man, dass praktisch alle Länder auf der Welt wirtschaftlich miteinander vernetzt waren. Man konnte seinem Nachbarn nicht mehr bedenkenlos von Herzen alles Böse wünschen – es traf mit einer kleinen Zeitverzögerung auch das eigene Land.

Während man in den USA vom „Schwarzen Donnerstag" (*Black Thursday*) sprach, machte in Deutschland das Wort vom „Schwarzen Freitag" die Runde.

Doch was passierte genau?

Als die größte österreichische Geschäftsbank am 11. Mai 1931 eingestehen musste, dass sie aufgrund ihrer US-Beziehungen ebenfalls immense Verluste erlitten hatte. erschütterte das das Land. Andere Banken in Deutschland und Österreich folgten und gaben kleinlaut ähnliche Statements ab. Nun setzte ein Ansturm der Sparer und Gläubiger auf ihre Guthaben und Kredite ein. Jeder wollte schnellstmöglich sein Geld in Sicherheit bringen. Auch ausländische Gläubiger begannen, ihr Geld aus Österreich und Deutschland abzuziehen. Bei den Großbanken entstand ein regelrechter Ansturm, infolgedessen es überall an Liquidität fehlte. Zwei Berliner Großbanken und die Dresdner Bank standen am Abgrund. Die Danat-Bank und die Landesbank der Rheinprovinz wurden zahlungsunfähig. Die schlechten Nachrichten verbreiteten sich wie ein Lauffeuer und verursachten überall Probleme. Schließlich kollabierte im Mai 1931 die Österreichische Kreditanstalt. Daraufhin kippte wie in einem Dominospiel ein Stein nach dem anderen um. Im September 1931 folgte der Zusammenbruch der Bank von England. Eine Katastrophe größeren Ausmaßes konnte dort nur durch die Ablösung des Pfundes von der Goldwährung vermieden werden. In Deutschland und Österreich brach eine Bank nach der anderen zusammen, und auch die anderen europäischen Länder gerieten in Schwierigkeiten. Um zu retten, was zu retten war, schotteten sich die Länder vom zerrütteten Weltmarkt ab und igelten sich ein. Durch diese Abschottung litt der Export, was seinerseits negativen Einfluss auf die Produktion hatte.

Natürlich wurden, wie in den USA, auch in Österreich und Deutschland „beruhigende" Stimmen laut. Die Banken versuchten verzweifelt, die Sparer davon zu überzeugen, dass sie die Situation im Griff hätten – ohne Erfolg. Zu tief saß den Menschen die Hyperinflation von 1923 noch in den Knochen. Voller Panik verlangte jeder sein Geld zurück.

Da Banken in erster Linie vom Geldverleih leben, konnten sie ihrerseits nun den Unternehmen keine Kredite mehr gewähren. Es war einfach kein Geld mehr in der Kasse. Also gerieten viele Unternehmen in Bedrängnis.

Der Warenhauskonzern Karstadt und der Versicherungskonzern Nordstern brachen zusammen, genau wie der Nordwolle-Konzern. Die Norddeutsche Wollkämmerei in Bremen kollabierte, und mit ihr andere Unternehmen. Denn auch hier wurde eine Kettenreaktion ausgelöst, da viele Firmen voneinander abhängig waren.

Da hob die Deutsche Reichsbank die Zinsen an. Daraufhin stiegen die Zinssätze in Deutschland im internationalen Vergleich rasant, Kapital wurde noch teurer. Zunächst animierten die hohen Zinsen ausländische Anleger, Geld in Deutschland zu investieren, um in den Genuss einer schönen Rendite zu kommen. Als die Investoren jedoch erkannten, dass es in Deutschland trotzdem nicht aufwärtsging, zogen sie ihr Geld schnell wieder ab. Zahlungsmittel wurden noch knapper.

Nun geriet die deutsche Wirtschaft in noch tiefere Tiefen, sie wurde förmlich von einem Strudel nach unten gezogen. Kurz gesagt geschah Folgendes: „Die Verschuldung der Unternehmen stieg. Zwangsversteigerungen feierten Hochkonjunktur. Die Landwirtschaft geriet in Not. Landwirtschaftliche Nutzflächen mussten enteignet werden. 1930 wechselten 130.404 ha den Besitzer, 1931 rund 178.000 ha und 1932 rund 154.000 ha … Parallel dazu gingen die Reallöhne zurück, das heißt, Lohn- und Gehaltskürzungen wurden ‚normal'. Kurzarbeit entstand. Und fast überall zog der Hunger ein. Vielerorts ernährte man sich nur noch mit Brot und Kartoffeln, Margarine und Malzkaffee waren bereits Luxusgüter. Auch an der Bekleidung wurde gespart. Am schlimmsten war die Massenarbeitslosigkeit. Ende Juli 1932 gab es rund 1,8 Millionen offiziell gemeldete Arbeitslose, was jedoch nur einem Drittel der tatsächlichen Zahl entsprach. Das heißt, rund 5,4 Millionen Menschen hatten weder Arbeit noch Brot. Rechnet man zu den Arbeitslosen noch die Familienangehörigen hinzu, dann ergibt sich, dass im Herbst 1932 36 Prozent des deutschen Volkes, also 23,3 Millionen Menschen, nur von öffentlichen Mitteln ihr Leben fristeten."[4]

Natürlich versuchte man, rasch Abhilfe zu schaffen: Es gab Volksküchen und Wärmehallen, laufende Mietzuschüsse und Minderbeihilfen sowie die kommunale Sozialfürsorge. Aber alles half nicht. Im Gegenteil: Durch diese massive Unterstützung verschuldete sich der deutsche Staat noch mehr. Die Sozialausgaben von Reich, Ländern und Gemeinden stiegen in schwindelerregende Höhen – auf 4 Milliarden 751 Millionen Mark, nicht weniger als das Dreizehnfache dessen, was vorher notwendig gewesen war.

Mit anderen Worten: Der Staat taumelte wie ein angeschlagener Boxer.

Die Reichsregierung unter dem glücklosen Kanzler Brüning, dem man den Spitznamen „Hungerkanzler" gab, verordnete nun einen radikalen Sparkurs – ohne Rücksicht auf den Zustand des Landes, auf die Arbeitslosen und die brenzlige Situation. Selbst Beamtengehälter wurden zurückgefahren. Der Sozialstaat wurde so gut wie abgeschafft: Man beschnitt die Leistungen der Arbeitslosenversicherung, der Fürsorge, der sozialen Rentenversicherung und der Kriegsopferfürsorge. Im Gegenzug wurden bestimmte Steuern sowie die Lebensmittelpreise und die Einfuhrzölle erhöht. Mit welchem Resultat? Da die Einfuhr von Getreide und Futtermitteln plötzlich mit schweren Zöllen belastet war, gab es kaum mehr etwas zu essen.

Geld wurde immer knapper, Güter ebenfalls. Abermals stürmten die Sparer die Banken, um ihre letzten Groschen abzuheben. Nur, was nutzt Geld, wenn es nichts zu kaufen gibt? Zu den Verlierern zählten Bauern, Arbeiter, Angestellte, Beamte, ja praktisch das gesamte deutsche Volk. Kaum eine Schicht war nicht betroffen. – Das macht den sagenhaften Aufstieg der Nazis verständlich.

Hitler und seine Nazi-Bande machten eiligst das „internationale Finanzjudentum" für die Misere verantwortlich. Der „Führer" behauptete außerdem, dass die gesamte deutsche Politikerkaste „verjudet" sei. Kurz gesagt wurde ein Sündenbock gefunden. Denn laut Hitler war auch der Versailler Vertrag nur „Judenmache". Je schlimmer die Probleme wurden, umso größeren Zulauf erhielt der Nazi-Großverbrecher. Nun wurde das Volk in einem nie gekannten Ausmaß aufgehetzt. Hitlers Sturmabteilung (SA) und seine Schutzstaffel (SS), beides Mörderbanden, marschierten mit schwerem Stiefelschritt durch die Straßen und wiegelten das Volk weiter auf. Sie schüchterten den Gegner ein, lieferten sich mit Kommunisten Straßenkämpfe und forderten eine neue Politik.

„Die demokratischen Parteien lieferten gleichzeitig ein erbärmliches Schauspiel, denn sie hielten nicht etwa zusammen, wie es in einer solchen Situation notwendig gewesen wäre, sondern intrigierten sogar noch gegeneinander.

Im Juli 1932 erhielt die NSDAP, die sich als Retter in der Not präsentierte, 37,3 Prozent aller Stimmen. Damit stieg sie zur stärksten Partei im Reichstag auf. Die KPD konnte 14,2 Prozent aller Stimmen auf sich vereinigen, wodurch die radikalen Parteien auf einmal die Mehrheit besaßen. Im Januar 1933 beherrschten Hitlers Schlägertruppen die Straße. Politische Gegner wurden verprügelt und ermordet, in aller Öffentlichkeit. Das Chaos, gezielt herbeigeführt, war jetzt vollkommen.

Hitler, die destruktivste Persönlichkeit der Geschichte, wusste, dass er sich den Staat zur Beute machen konnte."[5]

Schließlich seifte Hitler noch geschickt den Staatspräsidenten Hindenburg ein und pokerte den letzten Kanzler (Schleicher) aus. Am 30. Januar 1933 ernannte Hindenburg Adolf Hitler zum Reichskanzler. Die erbittertste Schlacht, die je in Deutschland um die Freiheit gefochten worden war, war verloren. Die schwärzeste Gestalt, die je in Deutschland die Macht in den Händen halten sollte, trug den Sieg davon.

DIE VERURSACHER
· DER WELTWIRTSCHAFTSKRISE
1929

Lehnen wir uns nun einen Augenblick zurück und tragen wir nach, wie es überhaupt zu dieser Katastrophe kommen konnte. Tatsächlich könnte keine Frage spannender sein. Kehren wir deshalb noch einmal in die Vereinigten Staaten zurück, wo die Weltwirtschaftskrise ihren Anfang nahm. Wer war hier schuldig, wer waren die Hintermänner der Krise?

Natürlich wurde von vielen berufenen und unberufenen Köpfen versucht, die wahren Gründe für die Krise auszuloten. Wissenschaftler kamen zu teils völlig unterschiedlichen Ergebnissen, je nachdem in welcher politischen Ecke sie standen. Aber wir wissen ja bereits, dass wir der viel strapazierten Vokabel „Wissenschaft" ein wenig misstrauen sollten. Dennoch konnte man sich auf ein paar Gemeinsamkeiten einigen:

Es scheint eine Konstante zu sein, dass Gier und Panik um sich greifen, wenn die Börse steil steigt oder fällt – wenn sich also auf einen Schlag sehr viel Geld verdienen oder verlieren lässt. Zumindest gilt dies für einen Teil des Menschengeschlechts. Zuletzt waren wie bereits erwähnt rund 1,5 Millionen Amerikaner mit von der Partie, die zockten wie Kasinospieler. Eine Massenpsychose breitete sich aus, die ihrerseits eine Kettenreaktion auslöste – einmal, als niemand sein Geld schnell genug in Aktien stecken, ein andermal, als niemand sein Geld schnell genug abziehen konnte. Dieser Psychose hatte niemand etwas entgegenzusetzen, weder der Präsident der Vereinigten Staaten, Herbert Hoover, noch die renommiertesten Banker oder Unternehmer. Das Menschengeschlecht ist ins Glücksspiel verliebt. Der Gedanke, schnell und ohne Arbeit reich zu werden, ist zu verlockend. Wir begegnen dieser Vorstellung in vielen Zeiten und an vielen Orten.

Insofern war jeder verantwortlich, der Geld geliehen und sich von der allgemeinen Hysterie hatte anstecken lassen.

Trotzdem muss man auch nach konkreten Verantwortlichen suchen. Forscht man hier genauer nach, so darf der Typ des Bankers, Maklers, Finanziers oder Spekulanten nicht freigesprochen werden von Schuld. Als die Kurse höher und höher kletterten, war es eben dieser Typus, der immer mehr Geld zur Verfügung stellte. Weder die größten Bankiers noch die kleinsten Finanziers ließen sich davon abhalten, in diesem Roulettespiel mitzumischen und andere zum Mitspielen aufzufordern. In diesen Kreisen war Gier besonders weit verbreitet.

Natürlich muss man hier differenzieren: Ein Finanzgigant wie Charles E. Mitchell, der die Party immer weiter am Laufen gehalten hatte, trug mehr Verantwortung als ein kleiner Makler. Die Gründer der riesigen Investment-Trusts waren wichtiger als ein paar Rinnsteinmakler. Die Großbankiers, die internationalen Bankiers, waren schuldiger als der kleine Privatbankier.

Gehen wir noch einmal ins Detail, kein Thema könnte explosiver sein. Erinnern wir uns: In den USA wurde schließlich ein eigener Ausschuss eingesetzt, um der Frage nach den Verantwortlichen auf den Grund zu gehen – unter dem Vorsitz von Ferdinand Pecora (1882–1971). Und in der Folge wurde der Jurist fast zu einer Legende. Da er den offiziellen Auftrag hatte, herauszufinden, WER für den Crash verantwortlich war, zitierte er die Götter der Finanzszene vor seinen Richterstuhl. Richard Whitney, der Präsident der *New York Stock Exchange*, wurde ebenso befragt wie George Whitney, Partner des einflussreichen Privatbankiers J. P. Morgan. Die Investmentbanker Thomas W. Lamont, Otto H. Kahn, Albert H. Wiggin und Charles Mitchell nahm er persönlich ins Kreuzverhör.

Was kam bei seinen Untersuchungen heraus?

Nun, unter anderem, dass der renommierte Spitzenbankier J. P. Morgan Jr. höchst einflussreiche Persönlichkeiten indirekt bestochen hatte, indem er ihnen Aktien zu Tiefstpreisen, zu Preisen mit Abschlägen, verkauft hatte. Darunter befanden sich unter anderem ein früherer Präsident der Vereinigten Staaten, Calvin Coolidge, und Owen J. Roberts, ein Richter des höchstens Gerichtshofes der USA. Personen in den höchsten (politischen und juristischen) Positionen waren demnach von J. P. Morgan geschickt in das Roulettespiel eingebunden worden. Natürlich hatten diese Männer nicht das geringste Interesse daran, dass der Spekulationswahn ein frühes Ende fand.

Außerdem wurde aufgedeckt, dass einige Top-Bankiers zum Schluss auf den Fall der Börse spekuliert und damit erneut Riesengewinne eingestrichen hatten – wie etwa Albert H. Wiggin. Charles Mitchell wiederum hatte sorglos seine eigene Bank benutzt, um zinslos Riesenkredite zu bekommen, mit denen er selbst spekuliert und sich die Taschen gefüllt hatte.

Abschließend schrieb Ferdinand Pecora ein Buch mit dem Titel *Wall Street Under Oath: The Story of Our Modern Money Changers*, das inzwischen Kultstatus besitzt, weil es in einmaliger Weise hinter die Kulissen leuchtet.

Pecora stellte ohne Wenn und Aber fest, dass Spitzenbanker zumindest mitverantwortlich waren und durchaus als Drahtzieher bezeichnet werden konnten.

DIE VERANTWORTLICHEN HINTERMÄNNER

Betrachten wir die Hintermänner noch etwas genauer.

Wer war **Charles Edwin Mitchell** (1877–1955), dessen Spitzname „Sunshine Charley" lautete? Nun, Sunshine Charley stammte aus einem guten Stall, sein Vater war Bürgermeister gewesen. Charley machte schnell Karriere. Schon im Jahre 1911 führte er sein eigenes Investment-Geschäft, bevor er erst Vizepräsident und bereits 1921 Präsident der *National City Bank* (heute: Citibank) wurde. Unter ihm expandierte die Bank stark und avancierte zum größten Versicherer weltweit. 1930 hatte sie 100 Zweigstellen in 23 Ländern. Mitchell war, wie der unbestechliche, neutrale Pecora herausfand, der Hauptverantwortliche für die Krise. Denn Mitchell hatte im Jahre 1929 die Spekulation weiter angeheizt, als die Zeichen längst auf Sturm standen. 1933 wurde er verhaftet und außerdem der Steuerhinterziehung überführt. Es konnten ihm zwar keine direkten anderen kriminellen Machenschaften nachgewiesen werden, aber während der Senats-Untersuchung unter Pecora urteilte Senator Carter Glass über ihn: „Mitchell ist verantwortlich für den Zusammenbruch der Börse, mehr als jede andere Person!"

Richard Whitney (1888–1974) war bereits 1912 Mitglied der New Yorker Börse, bevor er in deren Verwaltungsrat gewählt wurde und dann zum

Vizepräsidenten aufstieg. Auch er versuchte zeitweilig, den Sturz der Aktien aufzuhalten, indem er persönlich für rund 20 Millionen US-Dollar Papiere über dem Marktpreis kaufte. Vorübergehend feierte man ihn genau wie Mitchell als Helden. 1930, nach dem Crash, wurde Whitney zum Präsidenten der Börse gekürt. In der Folge spekulierte er eifrig weiter, unbeeindruckt von der Weltwirtschaftskrise, wobei ihm seine Verbindungen zu J. P. Morgan halfen. Er machte sich zahlreicher illegaler Praktiken schuldig, die im Jahre 1938 ans Licht kamen. Whitney musste schließlich Konkurs anmelden und hinterließ 6,5 Millionen US-Dollar Schulden. Da er fremde Mittel missbräuchlich verwendet hatte, wurde er zu fünf bis zehn Jahren Haft verurteilt. Er verbrachte drei Jahre und vier Monate in dem berüchtigten Gefängnis Sing Sing.

J. P. Morgan Jr. (1867–1943), Spitzname „Jack", war der Sohn des Bankier-Tycoons J. P. Morgan. Jack übernahm die Bank des Vaters, als dieser 1913 starb. Er war einer der wichtigsten Finanziers der Russen und Franzosen im Ersten Weltkrieg, unterstützte aber auch die Briten und arbeitete hinter den Kulissen hart daran, die Vereinigten Staaten zum Eintritt in den Ersten Weltkrieg zu überzeugen. Das war nicht selbstverständlich, da weite Kreise in den USA den Krieg verabscheuten. Morgan war ein echter Kriegsgewinnler. Er kaufte und verkaufte unter anderem Baumwolle, Stahl, Chemie-Erzeugnisse und Nahrungsmittel für die britische Regierung. Morgan organisierte ein Syndikat von ungefähr 2200 Banken, die den Alliierten im Ersten Weltkrieg rund 500.000.000 US-Dollar liehen.

1915 schoss ein Attentäter zweimal auf Morgan, aus Protest dagegen, dass Morgan gewissenlos Milliarden Dollar mit dem Krieg verdient hatte. Aber Morgan überlebte. Nach dem Ersten Weltkrieg lieh er sowohl Deutschland als auch dem Mussolini-Italien Unsummen Geldes.

J. P. Morgan Jr. wurde der Bestechung hochrangiger Persönlichkeiten und der Steuerhinterziehung überführt.

Thomas W. Lamont (1870–1948), gleichfalls ein Spitzenbanker, war ein Partner von J. P. Morgan & Co. Er war in die politischen Verhandlungen nach dem Ersten Weltkrieg verstrickt, unternahm aber auch halboffizielle Reisen nach Japan und China und unterstützte den Faschisten Mussolini. Während der Weltwirtschaftskrise 1929 versuchte er kurzzeitig, das Vertrauen in den Markt wiederherzustellen, indem er in großem Stil *Blue Chips*, also wertvolle Aktien, kaufte, um die Preise zu stützen. Lamont war eine der Stimmen, die die Masse im Jahre 1929 immer wieder zu beruhigen suchte, wodurch das Vabanquespiel ständig weiterging. Ferner war er Mitglied des einflussreichen *Council of Foreign Relations* – offiziell nur ein Rat für auswärtige Angelegenheiten, in dem allerdings oft auch weitreichende Entscheidungen in anderen Bereichen gefällt wurden, wie jedenfalls Autor Gary Allen behauptet. Inoffiziell beriet er unter anderem die beiden US-amerikanischen Präsidenten Herbert Hoover und Woodrow Wilson.

Sein Verhalten während der Krise war zumindest umstritten, ein moralisches Bewusstsein fehlte ihm völlig.

Albert H. Wiggin (1868–1951) avancierte früh zum Vizepräsident der *National Park Bank* in New York und stieg 1904 sogar zum Vizepräsidenten der prestigeträchtigen *Chase National Bank* auf, deren Präsident er später wurde. Das Geldinstitut expandierte unter ihm enorm und entwickelte sich zunächst zur zweitgrößten Bank der Vereinigten Staaten. Wiggin saß im Vorstand von fünfzig US-amerikanischen Unternehmen. So verbündete sich zum Beispiel der Rockefeller-Clan mit ihm, um nur eine der schwergewichtigen Familien zu nennen. Wiggin kann mit Fug und Recht als international agierender Bankier bezeichnet werden. Denn er eröffnete später Büros in London und begann, Regierungen in ganz Europa Geld zu leihen. Dadurch bekam er einen beträchtlichen politischen Einfluss. Am „Schwarzen Donnerstag" 1929 versuchte Wiggin, gemeinsam mit anderen hochrangigen Wall-Street-Bankern, den kollabierenden Aktienmarkt zu stützen. Er kaufte mit großem Tamtam Aktien guter Unternehmen über Preis, was den Sturz der Kurse einen Tag lang aufhielt, bevor sie weiter ins Bodenlose fielen. Kurzzeitig wurde auch Wiggin als Held gefeiert. Doch vor dem Pecora-Untersuchungs-Ausschuss kam heraus, dass er auf den Sturz der Aktien seiner eigenen Bank spekuliert hatte, während er das Geld seiner Bank nach außen hin mit lautem Getöse dazu eingesetzt hatte, die Aktienkurse wie gerade beschrieben zu stützen. Was für ein Heuchler! Er strich 4 Millionen US-Dollar ein, steuerfrei, weil er die Aktien heimlich über eine kanadische Company kaufen ließ.

Der Investment-Banker **Otto Hermann Kahn** (1867–1934) arbeitete für die Deutsche Bank, bevor er sich mit dem mächtigsten US-amerikanischen Banken-Konglomerat verbandelte, das mit den Namen Kuhn, Loeb & Co. in Verbindung gebracht wird – Abraham Kuhn, Salomon Loeb, Jacob Schiff und Paul und Felix Warburg. Er verdiente Unsummen mit der Finanzierung von Eisenbahnen. Als er vor die Pecora-Kommission geladen wurde, verteidigte er wortgewandt die Rolle der Bankiers, ihm persönlich konnten keine kriminelle Machenschaften nachgewiesen werden.

FAZIT

Und so müssen wir urteilen, dass die Bankiers, genauer gesagt die international agierenden Bankiers sehr wohl Dreck am Stecken hatten, was die Finanzkrise im Jahre 1929 anging. Jedes andere Urteil wäre Augenwischerei.

In einem Atemzug mit den international agierenden Großbankern muss man die FED nennen. Innerhalb der FED, dieser höchst umstrittenen Mischung aus Großbankern und ein paar politischen Köpfen, wusste man sehr wohl, welches Spiel hier gespielt wurde – und unternahm trotzdem nichts. Da die FED anfangs zusätzlich noch die Zinsen senkte, heizte sie die Börsenspekulation weiter an. Es gab mehr als eine verantwortungslose Bemerkung seitens der FED-Autoritäten.

Als die FED endlich langfristige Kreditlinien sperrte, schoss einer ihrer eigenen Leute (Mitchell) quer und führte die Absicht der FED ad absurdum. So schnellten die Zinssätze am Schluss auf 20 Prozent.

WEITERE SPITZBUBEN

Mitverantwortlich für den Crash waren aber auch einige Unternehmer, die – wie wir gesehen haben – ebenfalls sehr viel Geld in den Markt pumpten, damit das Glücksspiel sogar dann noch weitergehen konnte, als einige Banker schon erste Warnungen aussprachen. Natürlich waren es nicht alle Unternehmer, sondern nur ein Bruchteil von ihnen. Die meisten produzierten weiter, sorgten für Arbeit und Brot und dafür, dass die Wirtschaft funktionierte. Für eine prosperierende Ökonomie ist nichts so wichtig wie Unternehmer, aber ein gewisser Prozentsatz (ca. 5 Prozent) versagte 1929 ebenfalls.

Auch die Politik bot ein elendes Schauspiel. Präsident Herbert Hoover hielt sich vornehm zurück, obwohl er ganz genau wusste, dass der Wahnsinn nur in einer Katastrophe enden konnte. Aber er wollte es sich einerseits nicht mit den Mächtigen der Finanzindustrie verscherzen und andererseits nicht mit dem Wähler und der öffentlichen Meinung. Ein Präsident jedoch, der Schaden auf sein Land zukommen sieht und nicht handelt, bricht im Prinzip seinen Amtseid. Um seiner persönlichen Vorteile willen schwieg der Präsident.

Seine späteren kläglichen Versuche, durch Meetings den Eindruck von Geschäftigkeit zu erwecken, sein aufgesetzter Aktionismus, waren nur Show und völlig ergebnislos. Das Kind war bereits in den Brunnen gefallen. Ein Präsident, der wirklich Schaden vom Volk hätte abwenden wollen, hätte die Börse kurzerhand geschlossen, die führenden Köpfe am Schlafittchen gepackt und ihnen ganz neue Regeln verordnet. Er hätte zumindest nicht aufgehört, im Radio und in den Zeitungen auf das verlogene, gefährliche Spiel hinzuweisen, dass gerade im Gange war, selbst wenn es ihn den Job gekostet hätte. Er hätte nicht tatenlos zugesehen, wie erst die USA und dann die halbe Welt in eine Krise stolperte, die mit einer kleinen Verzögerung zum Zweiten Weltkrieg führte. Eine Unterlassung ist manchmal schlimmer als ein Verbrechen.

Vergessen wollen wir all die Journalisten und Wissenschaftler, die nur den Stiefelknecht spielten, von denen zu viele käuflich waren oder die es zumindest nicht wagten, den Mund aufzumachen und die Wahrheit zu sagen. Sie waren nur die Übermittler der Fake News, was sie allerdings auch nicht reinwäscht.

DAS WIRTSCHAFTLICHE UMFELD

Kurz zusammengefasst waren also die Großbankiers und Großfinanziers die Hauptschuldigen. Die Namen J. P. Morgan, Mitchell, Otto Hermann Kahn, Albert H. Wiggin, Thomas W. Lamont und Richard Whitney stehen hier nur exemplarisch, natürlich gab es auch manch andere.

Und es gab auch objektive Umstände, die man der Fairness halber nicht unerwähnt lassen darf.

Unter dem Crash litten vor allem die Reichen. Als sie als Arbeitgeber ausfielen, rissen sie viele andere mit sich in den Abgrund. Hätte es eine breitere Mittelschicht gegeben, wie das heute etwa in Deutschland der Fall ist, so wäre der Absturz nicht so tief gewesen. Als die Reichen (und mit ihnen ihre Unternehmen) Konkurs anmeldeten, traf es gleichzeitig den kleinen Mann. Viele Firmen wurden einfach vom Markt gefegt.

Außerdem stand es schlecht um die Außenhandelsbilanz und die Ökonomie in den USA generell. Weltweit fielen die Preise auf den Rohstoffmärkten, die Agrarwirtschaft lief schlecht. Farmer ließen viele Flächen einfach brach liegen. Eine Dürre verwandelte weite Flächen in Nordamerika in eine Wüste. Ein Stein stieß den anderen an. Zuvor hatten Automobile, Kühlschränke, Fotoapparate und so weiter für einen enormen Aufschwung gesorgt. Doch dann sättigten sich die Märkte und die neuen Industrien verdienten nicht mehr so viel wie zuvor. Ab 1929 wurden in den USA immer weniger industriellen Güter erzeugt und verkauft. Auch die rigorose Zollpolitik in anderen Ländern dämpfte die Gewinne, Schutzzölle vernichteten den Verdienst. Mit anderen Worten: Die Wirtschaft kränkelte. Die Immobilienpreise brachen ein, teilweise verloren Häuser bis zu 90 Prozent ihres Wertes.

Die Depression, die auf dem Fuße folgte, dauerte rund zehn Jahre. Das Bruttoinlandsprodukt in den USA sank dramatisch. Fast 13 Millionen Menschen wurden arbeitslos, jeder vierte Amerikaner! Die Einkommen schwanden drastisch. Angst machte sich in den Vereinigten Staaten breit. In den Jahren 1931 und 1932 überzog eine Hungersnot das Land. Viele fürchteten den sozialen Abstieg. Hoffnungslosigkeit machte sich breit.

Zeitgleich stieg die Kriminalität. Immer mehr Banken wurden überfallen, und Räuber, Revolverhelden und Diebe machten von sich reden. Die Bevölkerung applaudierte zum Teil den Gangstern, weil sie es wagten, den Bankern mit dem Revolver in der Hand die Gewinne wieder abzunehmen. Das FBI jagte Ganoven manchmal viele Jahre lang, bevor sie sie dingfest machen konnten. Bankräuber wurden lange regelrecht glorifiziert – teilweise bis heute.

Die USA war auf ihrem Tiefpunkt angelangt. Die Wirtschaft florierte nicht mehr, normalerweise die Stärke der Vereinigten Staaten. Eine gesunde Wirtschaft hätte den Crash an der Wall Street sicherlich leichter verkraftet.[6]

Andere Autoren wiesen weiter darauf hin, dass auch die törichte Bindung an den Goldstandard nicht ganz unschuldig an dem Fiasko war.[7]

Aber zerreden wir die Ergebnisse nicht. Trotz all dieser Tatsachen steht heute fest, dass die Gier der Großbanker für die Finanzkrise im Jahre 1929 ausschlaggebend war, oder zumindest, dass in den Reihen der international agierenden Bankiers die meisten Schuldigen zu finden sind, um es freundlich auszudrücken. So weit ist man sich in Historikerkreisen einig. Zudem versagte die Politik in den USA völlig, allen voran Herbert Hoover.

Mit welchem Ergebnis?

GEGEN-VORKEHRUNGEN

Nachdem man die Ereignisse gründlich analysiert hatte, versuchte man in den USA, Vorkehrungen zu treffen, damit sich eine solche Situation nicht wiederholen konnte.

Als Erstes wurde die SEC (*Security and Exchange Commission*) gegründet, eine Kontrollbehörde, die solche Exzesse künftig verhindern sollte. Der gesamte Wertpapiermarkt sollte transparenter gestaltet werden, Banker sollten gläserne Taschen bekommen. Börsenscheingeschäfte, unlautere Börsentipps, raffiniert gesteuerte Falschmeldungen und andere Praktiken mehr sollte die SEC in Zukunft verhindern. Die Börsenaufsicht machte in den Folgejahren oft positiv von sich reden – tatsächlich entlarvte sie zahlreiche Kriminelle und brachte viele von ihnen sogar hinter Gittern. Allerdings versagte sie völlig in der Krise, etwa im Jahre 2008.

Außerdem wurde die FED gestärkt – was man durchaus mit gemischten Gefühlen betrachten kann. Waren es doch gerade Mitglieder der FED, die aktiv zu dem Schlamassel beigetragen hatten. Die FED ist laut Kritikern nach wie vor eine Art Privatinstitution, mit der Erlaubnis, Geld zu drucken, wobei die demokratische Kontrolle relativ gering ist. Und die FED war ja mit der Begründung ins Leben gerufen worden, solche Exzesse zu verhindern. Sie trug jedoch aktiv zu der bislang größten Finanzkrise der Welt bei. Es ist kaum zu verstehen, warum sie mit noch mehr Macht ausgestattet wurde. Wurde hier der Wolf zum Richter über die Wölfe bestellt?

Doch dann wurde die Aufmerksamkeit in den Vereinigten Staaten auf etwas anderes gelenkt. In Deutschland machte Adolf Hitler von sich reden.

Was war passiert?

DIE KRISE IN DEUTSCHLAND IN DEN JAHREN 1929 BIS 1933

Wie jeder weiß, ergriffen die Nazis die Macht in Deutschland. Buchstäblich Tausende von Historikern in aller Welt versuchten später zu ergründen, *warum* Hitler die Demokratie so leicht hinwegfegen konnte. Nun, einer der Hauptgründe war die Weltwirtschaftskrise mit ihren katastrophalen Folgen. Auch in Deutschland sank das Bruttosozialprodukt ständig, immer mehr Betriebe meldeten Bankrott an. Zuletzt war Deutschland ein riesiger Wohlfahrtsstaat, mit rund 5 Millionen Arbeitslosen. Sie alle bezogen Arbeitslosengeld, Krisenfürsorge oder Wohlfahrtsunterstützung. Wer sollte das auf Dauer bezahlen? Hinzu kamen die Kosten für die Reparationen und für die Kriegsheimkehrer. Das Vermögen der kleinen Leute wurde systematisch vernichtet, es gab nur einige wenige Unternehmer, die Gewinn aus der Krise schlugen. Sie wurden abgrundtief gehasst. Im Allgemeinen jagte ein wirtschaftlicher Misserfolg den anderen.

Auf dem politischen Parkett machten sich die rechtsextremistischen Parteien breit. Die SPD und das Zentrum, der Vorläufer der CDU, konnten sich selten oder nie einigen und boten ein jämmerliches Schauspiel.

Weltanschauliche Krisen taten ein Übriges: Der Faschismus predigte im Prinzip eine neue politische Religion, der Kommunismus ebenfalls. Demokratie hatte man in Deutschland nie gelernt, im Gegensatz etwa zu Frankreich, England, der Schweiz und den USA. Unsicherheit machte sich auf den Straßen breit.

Allenthalben wollte man dem Chaos ein Ende setzen. Und da versprach dieser ominösen Adolf Hitler allen jeden Tag, endlich aufzuräumen und dem Spuk ein Ende zu setzen.

Die Hauptverantwortlichen für die Machtergreifung durch die Nationalsozialisten waren zweifellos die rechtsgerichteten Krakeeler selbst – Hitler, Goebbels, Göring, Hess, Röhm, Himmler und so fort – die ganze Clique der Nazi-Gangster.

Aber auch der Reichspräsident Paul von Hindenburg versagte völlig, scheinbar die letzte Bastion der Demokratie. Hindenburg war ein Militarist. Er hatte nicht nur Brüning eiskalt abserviert – den letzten anständigen Kanzler, der zwar die falschen Entscheidungen getroffen hatte, der aber zumindest kein Großverbrecher war wie Hitler –, sondern nach der Machtergreifung durch die Nazis auch noch Land erhalten, das von Hitler und Göring für steuerfrei erklärt wurde. Alle Güter Hindenburgs wurden später auf Kosten der Nazis saniert und ausgebaut. „Hindenburg war ein korrupter Militär, der Deutschland für ein paar lumpige Erdschollen verkaufte."[8]

Schließlich gab es einige nationalistisch gesinnte Zeitungsbesitzer, Großindustrielle und Persönlichkeiten aus der Finanzwelt, die Hitler unterstützten.

Der Hass der Franzosen, besonders unter ihren Ministerpräsidenten Georges Clémenceau und Raimond Poincaré, die Deutschland ausnehmen wollten wie eine Weihnachtsganz, trug ebenfalls dazu bei, dass Deutschland in eine katastrophale, aussichtslose Lage geriet.

Aber zerreden wir auch hier die Verantwortlichkeiten nicht. Versucht man, die multikausalen Gründe für den Griff nach der Macht durch die Nazis auf einfache, leicht verständliche Nenner zu bringen, so muss man auch auf Folgendes hinweisen dürfen: Die Weltwirtschaftskrise, die 1929 von den USA ausging, trug wesentlich dazu dabei, dass die Nazis überhaupt an die Macht kamen. Diese Krise brachte das Fass zum Überlaufen, sie setzte Hitler scheinbar ins Recht. Insofern sind auch gewissenlose Großbankiers nicht ganz unschuldig daran, dass sich Hitler in den Sattel schwingen und in der Folge den größten Weltbrand aller Zeiten entfachen konnte. Natürlich darf man nicht *nur* auf die Bankiers und Finanziers deuten. Das wäre ein Fehler. Genauso wie die Rolle der Bankiers bei der Weltwirtschaftskrise im Jahre 1929 herunterzuspielen und die Bankiers reinzuwaschen. Der international operierende Bankier trägt eine Mitschuld an der Weltwirtschaftskrise, dem namenlosen Elend, das in der USA auf dem Fuß folgte, dem finanziellen Chaos, das daraufhin in Deutschland ausbrach, und dem Umstand, dass dadurch Hitler an die Macht kam.

Damit sind zu einem gewissen Prozentsatz auch die Großbankiers für den Zweiten Weltkrieg verantwortlich, der mit 60 Millionen Toten zu Buche schlug.

Jedes andere Urteil ist unvernünftig und wird den historischen Tatsachen nicht gerecht.

FAKE NEWS

Auch die Rolle der Fake-News-Spezialisten sollte man nicht kleinreden.

Irreführende und falsche Nachrichten wurden von allen Verantwortlichen verbreitet. Bankiers und Finanzhaie kauften Journalisten und Wirtschaftswissenschaftler. Beide Gruppierungen ließen sich jämmerlich als Sprachrohr für das ganz große Geld missbrauchen, wie schon in der Gründerkrise.

Das aber bringt uns notwendigerweise zu folgendem Schluss:

Journalisten und Autoritäten der Wirtschaft kann man nur sehr bedingt vertrauen, wenn überhaupt.

Wir sollten also künftig der Presse und den Medien mit viel mehr Misstrauen begegnen, genau wie den Koryphäen aus Finanz- und Wirtschaftskreisen.

Die Feststellung, dass sich die meisten Medien in einer traurigen Abhängigkeit von gewissen Finanzkreisen befinden und viele ihre Vertreter käuflich sind, ist sicher keine Übertreibung, für zahlreiche Gurus der Finanz- und Wirtschaftswelt gilt das Gleiche. Vornehmer und zurückhaltender können wir es nicht ausdrücken.

7. DIE NACHRICHTEN
DER NAZIS

Begeben wir uns nun wieder auf das politische Parkett, aber bleiben wir in Deutschland, dessen Boden wir bereits im letzten Kapitel betreten haben.
Fake News gab es von 1933 bis 1945 im Übermaß.

Es entstand eine eigene (Nazi-)Sprache, nur um Fake News zu verbreiten – man muss es sich vorstellen. Die Naziverbrecher verwirrten die Menschen mit ganz neuen Vokabeln oder jubelten ihnen alte Vokabeln mit neuer Bedeutung unter.

Im Folgenden ein kleines Nazi-ABC inklusive einiger Slogans und Sprüche:

- Ahnen; akademisches Proletariat; Arbeitsfront; Auslese; Ausmerzung; lebensunwertes Leben;
- Bescheidenheit: „Als letzten Faktor muss ich in aller Bescheidenheit meine eigene Person nennen: unersetzbar. Weder eine militärische noch eine zivile Persönlichkeit könnte mich ersetzen ... Ich bin überzeugt von der Kraft meines Gehirns und von meiner Entschlusskraft"[1]; Blitzsieg; Blut und Boden; Bund deutscher Mädchen (BdM);
- Deutschland, Deutschland über alles, über alles in der Welt; Deutschtum; Drittes Reich;
- Edeltier; Eheweihe; Endlösung; Endsieg; dem Erdboden gleichmachen;

- Die Fahne hoch, die Reihen dicht geschlossen; Fähnlein; Festung Europa; Flamme empor; Freizeitgestaltung (damals erfunden!); Führer;
- Gefolgschaft; Gehorsam; Glaube und Schönheit; Großdeutschland;
- Heil Hitler!; Heim ins Reich; Herrenadel; Herrenrasse; Hitlerjugend;
- Judenfrage; Jungmädchen (JM); Junkerschulen;
- Kraft durch Freude (KdF); Kraft durch Herrlichkeit;
- Lebensborn; Lebensraum; Leibstandarte (SS); Liedgut;
- Machtergreifung; Mädels;
- Rassenschande; Reichsautobahn (Straßen des Führers); Reichskristallnacht; Ruhmesblatt unserer Geschichte;
- Schönheit der Arbeit; Selektion; Sonderaktion; Sondermeldung (eingeleitet mit Franz Liszts Les Préludes);
- Der totale Krieg; Treue;
- Undeutsche Schriftsteller/Künstler; Untermensch; unwertes Leben;
- Vaterland; Volk ohne Raum; Volksdeutsche; gesundes Volksempfinden; Vorsehung;
- Deutsche Weihnacht; Wir werden weitermarschieren, wenn alles in Scherben fällt, denn heute gehört uns Deutschland und morgen – die ganze Welt; Weltvergifter; Am deutschen Wesen soll die Welt genesen (fälschlich für: „Und es mag am deutschen Wesen, einmal noch die Welt genesen" – Emanuel Geibel, deutscher Dichter, 1815–1884); Widerstand.

Es bleibt festzuhalten:

Mit einer eigenen Sprache kann man Fake News *erzeugen*. In diesem Fall werden bestimmte Ausdrücke und Slogans ständig wiederholt.

Durch die kontinuierliche Wiederholung prägt sich ein bestimmtes Vokabular ein und schafft eine neue Realität, die es vorher nicht gab.

Parolen gewinnen Macht über den Verstand. Allein schon durch ihren Gebrauch definieren sie Neuigkeiten.

Natürlich verfügte und verfügt auch der Kommunismus über ein entsprechendes Vokabular und seine eigene Sprache. Das hört sich etwa folgendermaßen an:

- Arbeiter, Arbeiterklasse, Arbeiterstaat,
- Ausbeuter, Ausbeuterei,
- Bauern und Arbeiterstaat, Bourgeois,
- Faschismus, Faschisten, Feudalismus,
- Genosse, Genossenschaft, Gesellschaft,
- Historischer Materialismus,
- Ideologie,
- Imperialismus,
- Kapital, Kapitalismus, Klassen, Klassenideologie, Klassenkampf Kleinbürger, Kleinbürgertum, Kollektiv, Kollektiveigentum, Kolonialismus, Konterrevolution,
- Materialismus,
- Produktionsmittel, Proletariat,
- Reaktionär, Revisionismus, Revolution,
- Sieg der Partei, Sozialfaschismus, Sozialismus.

Auch damit wird eine neue, eigenständige Realität geschaffen. Die Ausdrücke werden durch Parolen eingeimpft. Und schon entstehen Fake News, da das gesamte Denken auf diese Vokabeln zugeschnitten wird. Die Welt und das Weltgeschehen werden mithilfe dieser Vokabeln interpretiert.

Aber bleiben wir noch ein wenig bei den Nazis.

DIE MACHTERGREIFUNG

Begeben wir uns zeitlich in die Periode vor der Machtergreifung. Es ist zu interessant.

Für Geschichtswissenschaftler ist es bis heute ein Phänomen, *warum* ein Mann wie Adolf Hitler 1933 die Macht ergreifen konnte. Man hat sich inzwischen auf alle möglichen Gründe geeinigt, wie beispielsweise die Weltwirtschaftskrise, das Arbeitslosenproblem, das zerstörte Image der Monarchie, der Verlust der alten Werte und so weiter. Auch der Friedensvertrag von Versailles, also die erbarmungslose „Knechtung" durch die Siegermächte nach dem verlorenen Ersten Weltkriege wurde als Ursache angeführt.

Tatsächlich wurde der Versailler Friedensvertrag in weiten Teilen der Bevölkerung zunächst *nicht* als Knechtung empfunden. In Wahrheit führten Hitler und seine Helfershelfer einen Stimmungsumschwung und eine Änderung der öffentlichen Meinung in Bezug auf den Friedensvertrag herbei. Das deutsche Volk war natürlich nicht glücklich über den verlorenen Krieg, aber erst mit propagandistisch-agitatorischen Mitteln wurde das Gefühl der Ungerechtigkeit herbeigeredet. Hitler selbst legt in seinem Buch *Mein Kampf* zornig dar, dass ursprünglich niemand gegen den Versailler Friedensvertrag Stimmung machte. Hitler im Originalton: „Ausgehend von der ‚Schuld am Krieg', um die sich damals kein Mensch kümmerte, … wurde fast alles behandelt, was irgendwie agitatorisch zweckmäßig … war."[2] Noch einmal: Die Schuld am Krieg interessierte das Volk nicht.

Demnach wurden Fake News verbreitet und herbeigeredet. Hitler und seine Genossen machten dem deutschen Volk weis, der Erste Weltkrieg sei nicht aufgrund der Schwäche der deutschen Armee verloren gegangen, sondern das Vaterland sei „von hinten erdolcht" worden.

Die sogenannte Dolchstoßlegende entstand – nichts als Fake News. Damit deutete Hitler auf die angeblich hinterlistigen Demokraten, die das Deutsche Reich geschwächt hätten, weil sie wider die Soldaten und den Kaiser intrigiert hätten. Nicht die deutschen Soldaten hatten den Ersten Weltkrieg verloren, nein, die Demokraten hinter den Soldaten waren Schuld an der Niederlage. Sie waren dem deutschen Kaiser und den deutschen Soldaten in den Rücken gefallen. Angeblich!

Auch Geschichte kann man mit Fake News überschwemmen, man kann sie neu interpretieren und beliebige Fakten zusammenspinnen.

Hitler konnte nur aufgrund einer Tatsache die Macht ergreifen: Es halfen ihm eben nicht die „objektiven" katastrophalen Umstände, sondern die „subjektiv" höchst geschickt verdrehten Fakten. Nur mit Fake News gelang es ihm, die Herrschaft an sich zu reißen. Historiker begeben sich fast immer auf gefährliches Eis, wenn ihrem Urteil nach „die Zeit reif" für eine Entwicklung sei und sie gradlinig und notwendigerweise auf eine Person zulaufe. Tatsächlich lässt sich keine Beurteilung stärker anfechten. Es sind vielmehr ganz konkrete Personen, die die Zeitumstände und sogar die Geschichte beliebig neu interpretieren und auf diese Weise Macht gewinnen.

Der wichtigste Grund für Hitlers Machtergreifung war zweifellos seine unglaubliche Begabung für Propaganda und seine schamlose Art, mit Fake News umzugehen. Dabei ist die Zeit vor der Machtergreifung fast noch aufschlussreicher als die Periode nach 1933, ganz einfach weil Hitler nach der Machtergreifung Propaganda diktieren konnte, während er vorher ungleich raffinierter zu Werke gehen musste. Noch einmal: Ohne die Beherrschung Schwarzer-Propaganda-Techniken wäre ein Phänomen wie Hitler undenkbar. Vor Hitler ruhte die gesamte Macht der Presse in anderen Händen. Hitler war nur ein kleines, unbedeutendes Licht. Nach ihm krähte kein Hahn. Weder in finanzieller, noch in ökonomischer oder politischer Hinsicht konnte er punkten. Hitler wurde kaum wahrgenommen, man mokierte sich über ihn mehr, als dass man ihn ernst nahm. Die gesamte Macht des Geldes, der Presse und der Politik verneigte sich vor anderen Kräften.

Wie konnte es diesem Mann dann gelingen, die Herrschaft an sich zu reißen? Nun, es gibt hierfür, wie gesagt, nur eine Antwort: Aufgrund seines (teuflischen) Genies für (Schwarze) Propaganda und seiner Unverschämtheit, Fake News geradezu nach Belieben in die Welt zu setzen.

Erinnern wir uns: Im September 1919 schloss sich Hitler der Deutschen Arbeiterpartei an, ein Vierteljahr später stieg er zum Propagandaleiter auf. Allein im Jahre 1920 sprach er auf 46 Massenversammlungen. In Biersälen bildete er sein Redetalent aus. „Später riss er Hunderttausende auf Riesenkundgebungen zu tobender Begeisterung hin, und Millionen erschauerten an den Radiogeräten, wenn die Stimme des allmächtigen Führers [erschallte]."[3]

In den einschlägigen Geschichtsbänden liest sich das recht flott. Zu selten wird jedoch die Frage gestellt, welche Techniken Hitler benutzte. Man sollte hierzu nicht Sekundärliteratur zu Rate ziehen, sondern Primärliteratur. Hitler gab in seinem Buch *Mein Kampf* darauf selbst eine Antwort. Er verriet (und verrät) darin, wie es möglich ist, die Massen zu gewinnen. Später bewies er, dass seine Methoden funktionierten. Überragende Bedeutung maß der „Führer" der Rhetorik bei. Hierzu stellte Hitler einen kleinen Forderungskatalog mit fünf Prinzipien auf. Werfen wir also einen kleinen originalen Blick in die schwärzeste Seele aller Zeiten. Es ist nicht zu umgehen, wenn wir das Phänomen der Nazis und von Fake News wirklich verstehen wollen. Hitler verlangte:

1. Propaganda muss „immer mehr auf das Gefühl gerichtet sein und nur sehr bedingt auf den sogenannten Verstand."[4] Je mehr Bedeutung der emotionalen Seite zugemessen wird, umso effizienter die Rede.

2. „Jede Propaganda hat volkstümlich zu sein und ihr geistiges Niveau einzustellen nach der Aufnahmefähigkeit des Beschränktesten unter denen, an die sie sich zu richten gedenkt. Damit wird ihre rein geis-

tige Höhe umso tiefer zu stellen sein, je größer die zu erfassende Masse der Menschen sein soll."[5]

3. Propaganda muss geschlossen und einheitlich formuliert werden. Sie darf nicht im Vielleicht stehen bleiben, sondern muss radikale Formulierungen wählen. Man muss darauf verzichten, zu differenzieren, man darf Grauschattierungen nicht den Vorzug geben.

Hitler im Originalton: „Es darf nur ein Positiv oder ein Negativ, Liebe oder Hass, Recht oder Unrecht, Wahrheit oder Lüge (geben)".[6]
Hitler empfahl, auf sorgfältiges Abwägen aller Art zu verzichten.

4. Nur eine tausendfache Wiederholung einfachster Begriffe bewirkt, dass sie im Gedächtnis der Massen haften bleiben. „Jede Abwechslung darf nie den Inhalt der Propaganda verändern, sondern muss stets zum Schluss das gleiche besagen. So muss das Schlagwort wohl von verschiedenen Seiten aus beleuchtet werden, allein das Ende jeder Betrachtung hat immer von neuem beim Schlagwort selbst zu liegen."[7]

Beharrlichkeit, die sich in Schlagworten manifestiert und immer wieder eingehämmert werden, führt also zum Ziel.

5. Wichtig ist, in jeder einzelnen Rede schon vorher die Gegenargumente vorwegzunehmen. Hitler plädierte dafür, „Gegeneinwände … in der eigenen Rede bereits restlos zu zerpflücken. Es (ist) dabei zweckmäßig, die möglichen Einwände selbst immer sofort anzuführen und ihre Haltlosigkeit zu beweisen."[8]

Natürlich handelt es sich hierbei um absolut unterdrückerisches Know-how, um schwarze Techniken. Aber nur wenn man sie kennt, kann man sie identifizieren und bekämpfen.

Jedenfalls haben wir damit einen bemerkenswerten Einblick in Hitlers Redetechniken, die er, wie gesagt, über alle andere Propaganda-Methoden setzte. Außerdem besitzen wir damit eine Formel, *wie* Fake News produziert werden können.

Man muss es sich vorstellen: Nur mit diesen Methoden baute Hitler eine schlagkräftige Mannschaft auf und hauchte einer ganzen Bewegung Leben ein. Möglicherweise kann man aus heutiger Sicht einige Analysen hinzufügen. Der Historiker Golo Mann beispielsweise wies darauf hin, dass in den überfüllten Sälen mit betäubender Marschmusik die Stimmung angeheizt wurde. Fahnen und Transparente spielten eine Rolle, die „Schreie des Jubels und des Hasses verursachten ein Einheitsgefühl."[9]

Man kann sich leicht ausmalen, wie die Menschen in den überfüllten Biersälen zu Gefühlsausbrüchen animiert wurden, Musik und Symbolik zwang man in den Dienst der Propaganda. Hitler verstand es, niederste Instinkte anzusprechen, wie etwa Hass, Zorn und Neid. All das Elend seiner Zeit fand ein Ventil in seiner Weltanschauung, die absichtlich – wir haben es von ihm selbst gehört (!) – auf den kleinsten gemeinsamen Nenner gebracht wurde.

Hitler spielte darüber hinaus verschiedene Rollen, manchmal den zukünftigen Eroberer, manchmal den Mann von Maß und gesundem Menschenverstand. Er konnte je nach Gesprächspartner und Zuhörer sein Gesicht wie ein Chamäleon ändern – er war ein vollendeter Staatsschauspieler.

Das Gleiche lässt sich von den anderen nationalsozialistischen Rhetorikern sagen. Golo Mann kommentiert: „Sie waren unter sich verschieden genug. Einer gab sich als überwiegend konservativ, als Orden behängter Offizier, als dicker Scheinaristokrat. Ein anderer spielte den kräftigen Arbeitsmann, (…) den betrogenen deutschen Arbeiter. Ein Dritter spezialisierte sich im Aufpeitschen des uralten, in allen europäischen Völkern latenten schlechten Instinktes, des Judenhasses. Wieder ein anderer (zeigte) die vulgäre und boshafte, die hohe, freie und freche Intelligenz der Partei."[10]

Das heißt, je nach Zielpublikum, wie es heute heißt, änderten sich das Erscheinungsbild und die Ansprache der Nationalsozialisten. Nicht nur Hitler bediente sich dieser Methode, sondern auch seine Propagandisten.

Aber es gab noch mehr Techniken: Hitler kupferte von den konkurrierenden Sozialisten und Kommunisten die Parteifarbe Rot ab (… für seine

Flugzettel, Fahnen, Armbinden und Abzeichen). Der verkrachte Kunstmaler entwarf das Parteiemblem selbst: auf rotem Grund ein weißes Feld mit einem schwarzen Hakenkreuz. „Geschickt verband er die rote Farbe der Arbeiterbewegung mit den alten Farben des Bismarckreiches. Auch der Name seiner Partei schien den alten Gegensatz zwischen nationaler Bewegung und Arbeiterschaft im Begriff ‚Nationalsozialismus‘ zu überbrücken."[11]

All das ist mustergültige PR – in Kombination mit Fake News. Damals waren die Begriffe „Sozialismus" und „Nationalismus" modern. Hitler kombinierte beide – und gewann Anhänger.

Zudem machte sich der „Führer" die deutsche Schwäche für Uniformen zunutze. Der Nagelstiefeltritt zu zackigen Marschliedern besaß einen enormen Show- und (PR-)Effekt. Hitler zielte immer wieder auf den Gefühlsrausch ab. Das Denken sollte ausgeschaltet werden. Wer dennoch dachte, bekam es mit der Angst zu tun, ein Gefühl, das Hitler genauso gezielt schürte: „Und willst du nicht mein Bruder sein, so schlag ich dir den Schädel ein!"[12]

Aus Tausenden von arbeitslos herumlungernden Soldaten rekrutierte er seine „Sturmabteilung", die SA – Zettelkleber und Parolenschmierer, Saal- und Straßenrowdys. Nach jeder Pressekritik rieb Hitler sich die Hände: Immer gab es Publicity für ihn und seine Terrorbande.

Obwohl Hitler anfangs über Bayern hinaus kaum bekannt war, griff er am 9. November 1923 zum ersten Mal nach der Macht – auf dem Marsch zur Feldherrnhalle in München. Vergebens. Erst durch weitere systematische Agitationen wurde der Boden bereitet. Im Jahre 1930 war es so weit. Angesichts von 3,5 Millionen Arbeitslosen, einem gewissenlos propagandistisch ausgeschlachteten Thema, entwickelte sich Hitlers NSDAP zur Massenbewegung. Für alle „Arbeiter der Stirn und der Faust" sollte es „Freiheit und Brot" geben.

Einfachste, emotionsgeladene Vokabeln wurden benutzt.

Ferner machte Hitler 1930 Dr. Joseph Paul Goebbels zum Reichspropagandaleiter der NSDAP. Neue Propaganda-Techniken wurden entwickelt,

Aufmärsche und Demonstrationen avancierten zu hochprofessionell inszenierten Schaustücken, die alle dem Stimmenfang dienten. Die Armbinde, das Parteizeichen, ja selbst der Heil-Hitler-Gruß fallen unter die Rubrik „PR-Techniken". Man muss es sich vorstellen, dass ein Mann die Frechheit besaß, seinen Namen als Anrede und Gruß zu etablieren. Was für eine Egozentrik! Unglaublicherweise gelang es. Dieses Detail gehört zu der Technik, eine Überfigur aufzubauen. Es lässt sich bei fast allen Diktatoren beobachten. Die Vergottung einer Person, wie sie bei Hitler bis zum Exzess getrieben wurde, ist reine PR, ein uralter Trick: Ein Mensch wird zur unfehlbaren Persönlichkeit aufgebaut und genießt natürlich einen entsprechenden Respekt. Die personenbezogene, das heißt auf eine Figur zugeschnittene Personality-Werbung wurde perfektioniert.

Auch das sind Fake News in Reinkultur. Welcher Mensch ist schon vollkommen?

Des Weiteren wurde an der Radio-Propaganda gefeilt. Man setzte auch hier wieder alle rhetorischen Techniken ein, benutzte bestehende Vorurteile (Judenhass) und latent bestehende Strömungen, um Emotionen zu schüren. Der sichere Instinkt für Negativ-Themen war bei den Nazis ebenso vorhanden wie die Fähigkeit, dem umworbenen Wähler zu schmeicheln. Mithilfe von Flugblättern, Zeitungen und Broschüren, aber in erster Linie durch riesige Massenversammlungen wurde diese Propaganda-Maschinerie in Gang gehalten. Der Ort spielte dabei eine wichtige Rolle. Hitler verwies persönlich „auf den künstlich gemachten und doch geheimnisvollen Dämmerschein katholischer Kirchen, die brennenden Lichter, Weihrauch (und) Räucherpfannen"[13], die in der Kirche eingesetzt wird. Er legte Wert auf das richtige, stimmungsvolle, passende Environment, wie man heute sagen würde, sowie auf den Zeitpunkt seiner Rede. Seiner Erfahrung nach wirkte eine Ansprache am besten in den Abendstunden.

Immer war es wichtig, das Gefühl anzusprechen. Dabei achtete der „Führer" darauf, dass die Vokabeln leicht verständlich waren, ja teilweise

sogar primitiv, damit möglichst viele Menschen reagierten. Bei all diesen Unternehmungen stand ihm wie gesagt Joseph Goebbels zur Seite, ein zweiter Teufel in Menschengestalt.

DAS SCHWARZE KNOW-HOW
DES DR. JOSEPH GOEBBELS

Josef Goebbels, der Meister-Propagandist, war neben Hitler der wichtigste Mann innerhalb der Nazi-Bagage. Er trug gemeinsam mit dem „Führer" die Hauptverantwortung für den Erfolg der Nazis. Er führte das halbe deutsche Volk am propagandistischen Gängelband. Seine Massenveranstaltungen waren so sorgfältig choreographiert wie ein Weltklassetanz im Bolschoi-Theater. Er überflutete das Land mit seinen Artikeln und Radiosendungen, pausenlos und ununterbrochen. Er war der Meister aller Meister der Schwarzen Propaganda, der Mephistopheles, das teuflische Gehirn, das satanische Genie.

Einfach alles ordnete Goebbels dem Ziel unter, in die Schlagzeilen zu kommen: Aufmärsche, Plakate, tumultuöse Versammlungen, unflätige Beschimpfungen und Belästigungen von Juden, die er gern öffentlich ohrfeigen oder verprügeln ließ. Er nutzte den Terror der Straße, wie schon Lenin, um den Staat zu unterminieren. In dieser Beziehung war er ein *Agent provocateur*. Seine Feinde beschimpfte er als „brüllende, tobende Untermenschen" oder „giftspuckende Tiere".[14] Die SA randalierte für ihn und inszenierte immer wieder öffentliche Prügeleien oder Proteste.

Darüber hinaus besaß Goebbels eine Feder, mit der er wie eine Natter Gift spritzen konnte. Er arbeitete mit den wüstesten, verleumderischen Artikeln, die er in seiner Wochenzeitung veröffentlichte, und kooperierte mit Karikaturisten, die seine Schmähungen gekonnt in Szene setzten. Beleidigungsklagen folgten auf dem Fuß – aber Goebbels schlachtete sie propagandistisch geschickt aus. So gewann er gleich doppelt. Neben Hitler war er der größte Schmähredner und Kloakenschreiber der bekannten Geschichte. Sein Vokabular war boshaft und verletzend, aber immer auch einfach und verständlich. Er schaute dem Volk aufs Maul, wie es vor ihm schon Luther mit so großem Erfolg vorexerziert hatte.

Goebbels organisierte Wahlkämpfe und Großveranstaltungen mit einer Effizienz, die vielleicht nie mehr übertroffen wurde. Die überwältigenden Wahlerfolge der Nazis gehen auch auf ihn zurück. Er beleidigte und verunglimpfte auf der einen Seite, und feilte auf der anderen Seite am Hitler-Mythos. Er ließ Millionen Plakate kleben, ja er nutzte bereits die Schallplatte und den Tonfilm, um den Menschen seine Slogans einzutrichtern. 800.000 Exemplare seiner Zeitung erreichten die Deutschen. Er geriet zum Meister der ganz großen Show. Durch das unaufhörliche Trommelfeuer seiner Propaganda entwickelte sich die NSDAP 1933 zur stärksten Partei.

Goebbels erkannte, dass sich damit eine neue Welt auftat, mit unvorstellbaren Möglichkeiten. Der gehbehinderte, schmalgesichtige Dreikäsehoch verwandelte sich in einen riesenhaften, satanischen Gespenstervogel, der seine schwarzen Schwingen über ganz Deutschland ausbreitete.

DIE MANIPULATION DER MASSEN

1933 stecken sich die Nazis dann den ganzen Staat in die Tasche. Das propagandistische Trommelfeuer nimmt weiter zu. Nun kann Goebbels den Staatsrundfunk nutzen. Goebbels wird zum Reichsminister für Volksaufklärung und Propaganda ernannt. Das Spektakel geht jetzt erst richtig los. Goebbels definiert Propaganda neu: „Das Wesen der Propaganda aber ist – ich möchte fast sagen: eine Kunst. Und der Propagandist ist im wahrsten Sinne des Wortes ein Künstler der Volkspsychologie. Seine wichtigste Aufgabe besteht darin, täglich und stündlich sein Ohr an den Herzschlag des Volkes zu legen und zu lauschen, wie es schlägt, und seine Maßnahmen auf den Takt dieses Herzschlages einzurichten."[15]

Seine Reden werden immer großkotziger. Manchmal mit ätzendem Witz, aber immer voller Leidenschaft gießt er seine Propaganda in großen Kübeln über dem Volk aus. Er ist in der Lage, Trauer vorzuspiegeln, zu schmeicheln, bitter, beißend und sarkastisch zu palavern sowie seine stinkenden Wortergüsse aufwühlend, hasserfüllt und zornig auszuschütten – ganz nach Belieben. Wie Hitler studiert er seine Gesten vor einem Auftritt genau ein, er ist ein vollkommener Staatschauspieler.

Er vermag logisch zu wirken, mit Argumenten, und kann aufwiegeln, mitreißen und Emotionen bis zum Siedepunkt hochkochen. Er ist der perfekte Demagoge.

Mit all den verschiedenen Medien, in Wort und Schrift, mithilfe des Radios, später auch mithilfe von Film und Fernsehen versetzt er Deutschland in einen Trancezustand, in einen Taumel. Propagandistische Großveranstaltungen und Fackelzüge gefallen dem Auge, Sprechchöre und Musikkapellen dem Ohr. Goebbels ist überall präsent, in allen Betrieben, in allen staatlichen Einrichtungen. Zeitungskampagnen überziehen das Land. Und immer wieder werden Aufmärsche anberaumt. Ein Volk wird hypnotisiert. Was auch immer tagespolitisch gerade von Bedeutung ist, was immer Hitler vorgibt, verwandelt Goebbels in Propaganda. Sie durchdringt schier jede Zelle und jeden Nerv. Das Bewusstsein und Unterbewusstsein der Deutschen wird manipuliert wie nie zuvor. Alles im Bereich der Kunst, Kultur und Kommunikation wird in den Dienst des Nationalsozialismus gestellt.

Dazu zählen auch die Theater und die Kinoleinwände. Das Radio spielt nach wie vor eine besondere Rolle. Die Nazis sorgen dafür, dass Radioapparate preiswert zu haben sind, sodass sie die Menschen besser belügen können. Die alten Zeitungszaren werden enteignet, alles wird unter das Goebbels Diktat gestellt. Es hagelt Berufsverbote für Juden und jeden, der nicht mit den Nazis gemeinsam ein Loblied auf den „Führer" singt und seine Feinde in den Staub tritt. Der neue Medienzar heißt Joseph Goebbels.

Werke von Schriftstellern, die zu protestieren versuchen, werden öffentlich verbrannt. Literaten werden aus dem Land geekelt oder flüchten. Zahlreiche Künstler treten die innere Emigration an. Hitler hingegen wird zur Lichtgestalt erhöht, zu einer Art Messias. Eine Lügenfabrik entsteht, wie sie die Geschichte nie zuvor gesehen hat.

Goebbels nimmt höchstpersönlich alle Details unter die Lupe, seine eigene Person inbegriffen. Er tritt vorzugsweise in maßgeschneiderten Anzügen oder in Uniform auf, alles ist wie geleckt. Seine Hände sind maniküt, ein eitler Theatermann ist nichts gegen ihn, er sieht wie geschniegelt aus. Er missbraucht seine hohe Stellung, um scharenweise Schauspielerinnen zu vernaschen. Schließlich bestimmt er, wer welche Filmrollen erhält. Dabei ist er längst verheiratet und hat eine ganze Reihe zauberhafter Töchter. Einfach alles wird mit Propaganda durchtränkt. Tägliche Pressekonferenzen hämmern die Nazi-Ideologie in die Köpfe. Und immer arbeitet er mit Fake News und mit dem Nazi-Vokabular, das wir bereits vorgestellt haben.

DER ZWEITE WELTKRIEG

Die Kriegsbegeisterung ist ein eigenes Kapitel. Tatsächlich wird der Zweite Weltkrieg in ungleich stärkerem Maße als der Erste Weltkrieg auch propagandistisch ausgetragen. Rundfunk, Fernsehen und Film spielen eine besondere Rolle.

Zunächst gestaltet sich der Krieg für Hitler wie ein Spaziergang: Er holt Österreich „heim ins Reich", kassiert Teile der Tschechoslowakei und überfällt Polen. Hitler besiegt nacheinander Dänemark, Norwegen, Belgien, die Niederlande, Luxemburg und in einem „Blitzkrieg" sogar große Teile Frankreichs. Jugoslawien und Griechenland geben klein bei.

Die Medien in Deutschland überschlagen sich. Hitler wird auf ein noch höheres Podest gestellt. Offenbar ist er der größte Feldherr aller Zeiten.

Hitlers Propagandaminister Goebbels zeigt lächelnde Soldaten, die ausgezeichnet und geehrt werden, besonders der Film wird nun schamlos eingesetzt, um den Krieg zu beschönigen. „Teufelskerle" erhalten Medaillen, werden befördert und von Mädchen angehimmelt.

Fake News soweit das Auge recht, in Wahrheit ist der Krieg barbarisch, schmutzig und hässlich.

Doch schließlich wendet sich das Blatt. Nach seinem erfolgreichen Überfall auf Frankreich versucht Hitler rasch, sich mit dem englischen Premierminister Winston Churchill zu arrangieren. Er bietet ihm Frieden an, doch Churchill schiebt seine dicke Zigarre lässig vom rechten in den linken Mundwinkel und sagt: „No!"

Im Taumel seiner Siege befiehlt Hitler daraufhin, England anzugreifen. Die deutsche Luftwaffe soll als Erstes Flugplätze, Flugzeugfabriken, Häfen und wichtige Verkehrsknotenpunkte auf der britischen Insel vernichten. Dazu muss im Vorfeld die englische Luftwaffe ausgeschaltet werden. In der Folge tobt ein erbitterter Krieg in den Wolken. Aber die englischen Flugzeuge erweisen sich den deutschen als überlegen – der Großangriff scheitert.

Hitler bekommt einen Wutanfall. Das erste Mal zeigt ihm eine Nation wirklich die Zähne. In maßloser Selbstüberschätzung beschließt Hitler, die Sowjetunion anzugreifen, ein Projekt, das er „Unternehmen Barbarossa" tauft, obwohl ein Nichtangriffspakt mit Stalin besteht.

Goebbels steht sofort Gewehr bei Fuß. Er trägt inzwischen seine Propaganda sogar in die „Feindesländer" hinein und operiert dort mit „Geheimsendern" und Flugblättern. Goebbels weiß, dass man Feinde nicht nur militärisch besiegen muss, wichtiger ist der Sieg über den Verstand. Und genau darin ist er meisterlich.

Als die Sowjetunion von Hitler aufs Korn genommen wird, lässt Goebbels im Vorfeld eine Flut widersprüchlicher Nachrichten auf das deutsche Volk niederprasseln, um Stalin und seine Spitzel zu verwirren.

Fake News in Reinkultur – staatlich gesteuert.

Noch einmal: Stalins Spione und Agenten müssen in die Irre geführt werden. Der Coup gelingt. Der russische Diktator ist vollkommen überrascht, als Hitler die Sowjetunion angreifen lässt. Die Deutschen wiederum werden von Goebbels insofern belogen, als dass er ihnen weismacht, das sei nur ein „Präventivschlag" gegen Stalin.

In der Folge wird die Bevölkerung tagtäglich nach Strich und Faden belogen. Ständig gibt es zeitnahe Frontberichte, Presse-Rundschreiben, Filmberichte und Wochenschauen. Ganze Propagandakompanien sind für Goebbels tätig, manchmal 15.000 Mann für ein einziges Unternehmen.[16]

Kriege werden zuerst in den Köpfen gewonnen oder verloren, danach auf dem Feld, weiß Goebbels. Er verbietet deshalb unter Androhung der Todesstrafe, Feindsender zu hören.

Im Jahre 1941 marschieren mehr als 3 Millionen deutsche Soldaten über die Grenze nach Russland. Alles deutet abermals auf einen schnellen, überraschenden Sieg hin. Kiew wird erobert und Leningrad eingeschlossen – plötzlich stehen die Deutschen sogar vor den Toren Moskaus. Stalin aber reißt sich zusammen und mobilisiert alle Kräfte. Immer wieder stampft er quasi aus dem Nichts neue russische Armeen aus dem Boden. Zusätzlich kommt ihm der entsetzliche russische Winter zu Hilfe. Hitlers Angriff verläuft zunächst im Sande.

Adolf Hitler setzt nun noch einmal alles auf eine Karte. Im Sommer 1942 befiehlt er, Stalingrad einzunehmen, das wegen seines Namens eine besondere Symbolik besitzt. Hitler will Stalin persönlich im innersten Kern treffen, schließlich trägt die Stadt den Namen des russischen Diktators. Tatsächlich gelingt es einer deutschen Armee, in der zäh und erbittert verteidigten Stadt Fuß zu fassen. Ende Oktober befinden sich zwei Drittel von Stalingrad in deutscher Hand. Da bricht erneut der russische Winter herein. Und wieder hängt alles in der Schwebe.

Die Wende lässt nicht lange auf sich warten. Die deutsche Armee kapituliert am 31.01.1943 angesichts der sowjetischen Übermacht.

Hitler beginnt zum ersten Mal an sich zu zweifeln und lässt häufiger seinen Leibarzt zu sich rufen; seine aufgesetzte Selbstsicherheit beginnt zu bröckeln. Die schlechten Nachrichten fallen nun wie Bomben über ihm nieder:

- Die Japaner, seine Verbündeten, erleiden entscheidende Niederlagen im Fernen Osten.
- In Afrika gelingt es den Engländern unter General Montgomery, die Deutschen und die Italiener zum Rückzug zu zwingen.
- In Deutschland werden deutsche Städte von englischen Flugzeugen bombardiert – der Krieg wird ins eigene Land hineingetragen, was die Bevölkerung in Angst und Schrecken versetzt.
- Die Amerikaner sind überall auf dem Vormarsch beziehungsweise versuchen, auf dem europäischen Kontinent Fuß zu fassen.
- Im U-Boot-Krieg und im Luftkrieg zeichnet sich eine deutliche Wende zu Ungunsten Deutschlands ab.

Hitler reagiert wie ein Geisteskranker: Er entlässt in rascher Folge verschiedene deutsche Heerführer und maßt sich selbst die Rolle des quasi unbesiegbaren, hyperintelligenten Feldherrn an. Aber nur ein Wahnsinniger kann versuchen, praktisch gegen die ganze Welt Krieg zu führen. Wie zu erwarten häufen sich in der Folge die schlechten Nachrichten.

- Nun (1943) fliegen auch Amerikaner gegen viele deutsche Städte Großangriffe.
- Briten und Amerikaner landen auf Sizilien und rücken zu Lande gegen Deutschland vor.
- Italien, ursprünglich ebenfalls ein Verbündeter Deutschlands, läuft zum „Feind" über, das faschistische Regime unter Mussolini bricht zusammen.
- Amerikaner und Engländer landen in Frankreich und marschieren von dort aus gegen Deutschland.
- Die Russen setzen zum Angriff gegen Finnland an.
- Die Schlinge um Deutschland zieht sich immer weiter zu.

SIEGESNACHRICHTEN

Wie reagieren die Nazis in dieser Periode? Wie Goebbels? Wie Hitler?

Nun, sie setzen massenhaft Fake News in die Welt. Verzweifelt versuchen sie, den Deutschen weizumachen, der Nationalsozialismus trage nach wie vor einen Sieg nach dem anderen davon.

Tatsachen werden verschwiegen und falsche Hoffnungen geweckt.

Fake News über Fake News werden publik gemacht.

Als die Schlachten immer ungünstiger verlaufen, hämmert Hitler seine Durchhalteparolen in die Gehirne. Er fordert von der Bevölkerung, sich noch mehr anzustrengen, und verlangt, auf alles Mögliche zu verzichten. Darüber hinaus spricht er die geheimen Ängste an: Sollten die Deutschen den Krieg verlieren, würden ihre Familien verschleppt und sie selbst künftig ein „Sklavendasein" führen.

Wieder lügt er, und mit ihm Goebbels.

Zwischen Juli und Oktober 1944 werden auf Goebbels Betreiben fast 700.000 zusätzliche Wehrpflichte eingezogen. Die Rüstungsindustrie wird angekurbelt wie nie zuvor.

Als der Weltkrieg desungeachtet seinem Ende entgegengeht, und es unübersehbar ist, dass Deutschland in Bausch und Bogen verlieren wird, hetzt Goebbels die Bevölkerung noch in der Todesstunde des Dritten Reiches in die Schlachten. Er faselt etwas von „Opferbereitschaft" und „geheimen Wunderwaffen". Zudem saugt er sich eine Nachricht über eine angebliche Dissonanz im Lager der Alliierten aus den Fingern. Goebbels kann nicht aufhören, zu lügen. Fünf Minuten vor Zwölf hetzt er einen „Volkssturm", zum Teil aus halben Kindern, in diesen verdammten Krieg.

Nie wurde das deutsche Volk mehr belogen, nie mit mehr Fake News überschüttet.

Noch immer schreien Hitler und Goebbels ihre Parolen in die Mikrofone. 16-Jährige werden eingezogen und die „Hitlerjugend" mobilisiert, um die „Heimat" zu verteidigen. Während von Westen Engländer, Franzosen und Amerikaner unnachgiebig vorrücken, und von Osten die Russen.

DAS ENDE

Jetzt sprengen Deutsche deutsche Brücken, um den Vormarsch der feindlichen Armeen aufzuhalten. Überall soll der Gegner nur auf „verbrannte Erde" stoßen. Doch der gegnerische Vormarsch bis ins Herz Deutschlands ist nicht aufzuhalten. An allen Fronten fallen ehemalige Verbündete von Deutschland ab.

Ein letztes Mal versucht Hitler, den Vorstoß der Feinde abzublocken, im Westen wie im Osten. Aber die schiere Anzahl der Angreifer ist zu groß. Dresden und andere Städte verwandeln sich in ein Flammenmeer. Wien und die süddeutschen Länder fallen in Feindes Hand. Um Berlin, wo sich Hitler verschanzt hält, schließen die Russen einen engen Ring. Hitler, schon halb im Wahn befangen, befiehlt dennoch weiterzukämpfen.

Haus um Haus, Straße um Straße werden nun in Berlin heiß umkämpft. Hitler selbst verkriecht sich immer tiefer in seinem Bunker. Endlich, eine Minute vor Zwölf, gesteht auch er sich ein, dass der Krieg nicht mehr zu gewinnen ist. Irritiert fragt sich der größte Feldherr aller Zeiten nach dem Grund für diese Niederlage. Schließlich findet er ihn: Schuld ist das deutsche Volk, das in rassischer Hinsicht offenbar doch unterlegen ist und die Niederlage verdient hat.

Während in Berlin um seinen Bunker herum die Bomben einschlagen und die Maschinengewehre rattern, lässt sich Hitler trauen. Danach ernennt er Großadmiral Dönitz zu seinem Nachfolger als Reichspräsident, Propagandaminister Goebbels zu seinem Nachfolger als Reichskanzler. Daraufhin töten er und seine Frau sich selbst. Auch Goebbels zieht sich aus der Affäre und nimmt sich das Leben.

Das „Dritte Reich" ist wie ein grausiger Spuk vorbei. Als in Dönitz' Auftrag versucht wird, eine geschäftsführende Regierung zu etablieren, wird diese sofort abgesetzt. Die Siegermächte erringen einen vollständigen militärischen Sieg über Deutschland. Sie erzwingen die bedingungslose Kapitulation. Die USA, Russland, England und Frankreich übernehmen in Deutschland die Regierungsgewalt.

KLEINES FAZIT

Wir erkennen: Ohne Fake News wäre der gesamte Nazi-Spuk völlig undenkbar gewesen.

Diktaturen leben ausschließlich von Fake News.

Die Nazi-Herrschaft bestand von Anfang bis Ende aus gefälschten Nachrichten, ohne die sie nicht denkbar ist. Durch keine andere Periode der Geschichte können wir mehr über Fake News lernen als durch diese Zeit.

Besonders wertvoll ist es, dass wir jetzt wissen, *wie* Fake News generiert werden. Wiederholen wir deshalb noch einmal:

1. Fake News sind auf Gefühle ausgerichtet.
2. Fake News befinden sich intellektuell auf niedrigem Niveau, damit möglichst viele Menschen davon erfasst werden können.
3. Fake News bestehen aus radikalen Formulierungen. Es gibt kein „Vielleicht". Es wird absichtlich nicht differenziert. Es gibt nur positiv oder negativ, Liebe oder Hass, Recht oder Unrecht, Wahrheit oder Lüge.
4. Bei Fake News benutzt man einfachste Begriffe, die ständig wiederholt werden. Man hämmert Schlagworte ein.
5. Argumente gegen die Fake News werden vorweggenommen und zerpflückt.

Das ist Adolf Hitlers „Formel".

Sobald wir dieser Formel oder Teilen davon begegnen, müssen bei uns sofort alle Alarmglocken schrillen.

Wissen wir um diese Formel, verliert sie augenblicklich einen Teil ihrer Macht.

8. DER FALL
BERNIE CORNFELD

Bislang haben wir bloß Fake News untersucht, die von Big Playern verursacht und aktiv herbeigeführt wurden. Wir werden aber auch im täglichen Leben ständig von „falschen Nachrichten" heimgesucht.

Der gesamte Wirtschafts- und Finanzsektor leidet zu einem nicht geringen Maß unter dubiosen Gestalten, die sich der Fake News bedienen, um sich zu bereichern.

Dieses Kapitel nimmt Anlageberater ins Visier – anhand eines spektakulären Beispiels. Wenn wir tatsächlich verstehen, wie heute auf dem Investmentmarkt mit Fake News gearbeitet wird, ist der Lohn unter Umständen hoch: Vielleicht können wir mit diesem Wissen in Zukunft Hundertausende Euro oder Dollar an Lehrgeld sparen. Dazu müssen wir allerdings ein echtes Verständnis für diesen, vielleicht heißesten Markt entwickeln.

Begeben wir uns jetzt also auf den privaten, und nicht auf den staatlich gesteuerten Finanzsektor – und untersuchen wir, wie bis heute (!) Anleger und Investoren, Sparer und Häuslebauer in Fallen gelockt und über den Tisch gezogen werden. Es sind nicht nur die großen Haifische und international operierende Bankiers, die in Sachen Finanzen Fake News produzieren.

Machen wir die Probe aufs Exempel.

BERNIES AUFSEHENERREGENDER AUFSTIEG

Einer der unglaublichsten Fälle im Dunstkreis des professionellen Investments liegt noch gar nicht so lange zurück und rankt sich um Bernard („Bernie") Cornfeld, der in den 1970er Jahren vor allem deutsche Anleger um viele Milliarden erleichterte.

Wer war dieser Paradiesvogel, der sich selbst die Taschen füllte, – und was können wir aus den damaligen Vorkommnissen lernen?

Zunächst zu den bloßen Fakten: Cornfelds Vater war Rumäne, die Mutter Russin. Anfangs lebte die Familie in Istanbul in der Türkei, wo der Vater als Schauspieler seine Brötchen verdiente. 1931 emigrierten die Cornfelds in die Vereinigten Staaten. Als der Vater zwei Jahre später starb, stand Bernie plötzlich vor dem Problem, Geld verdienen zu müssen. Er arbeitete in verschiedenen Berufen, unter anderem als Obstverkäufer.

Schließlich gründete er gemeinsam mit einem Schulfreund in einem Vergnügungspark eine Schätzbude, in der er das Alter und das Gewicht müßiggängerischer Zeitgenossen einschätzte. Obwohl Bernie stotterte, verdiente er mit dieser ausgefallenen Geschäftsidee das erste Mal „richtig" Geld. Denn er konnte verkaufen! Bernie hatte seine Berufung entdeckt.

Der Zweite Weltkrieg unterbrach seine hochfliegenden Ambitionen. Er diente in der Marine und besuchte danach das College, wo er Psychologie und Soziologie studierte. Danach arbeitete er zunächst als Sozialarbeiter, aber schon bald entdeckte Bernie die Freuden des Investmentgeschäfts. Er wechselte den Job und verkaufte Investmentfonds-Anteile, bis er begriff, dass er deutlich mehr verdienen könnte, wenn er einen eigenen Fonds aus der Taufe höbe.

Gesagt, getan. Zu Beginn definierte er seine Zielgruppe genau: Er verkaufte Fondsanteile an in Europa stationierte Amerikaner. Er verleitete sie dazu, geschickt Steuerbestimmungen zu umgehen, und lockte sie mit einem Steuerbonus. Das bescherte ihm zahlreiche Kunden. So gründete Cornfeld die IOS, die *Investors Overseas Services,* deren Hauptsitz er im mittelamerikanischen Panama ansiedelte. Hier schaute man ihm nicht so genau auf die Finger.

Der Grundstein für einen phänomenalen Aufstieg war gelegt. Bernie schaute sich um und sah paradiesische Verdienstmöglichkeiten.

Als Hauptsitz für den IOS-Vertrieb bestimmte er Genf. Die Schweiz schien ihm in Sachen Geldanlagen der Inbegriff von Seriosität zu sein. Die Wertpapiere selbst waren indes in England deponiert, während die Fonds nach luxemburgischen Recht konstruiert waren – ein weiterer kluger Schachzug. Auf diese Weise konnte Bernie nämlich jedem Staat eine lange Nase zeigen. Die unterschiedlichen politischen und rechtlichen Bestimmungen in den einzelnen Ländern erlaubten es ihm, seine Karten nach Belieben auszuspielen.

Bernie rieb sich die Hände und legte los.

Cornfeld erkannte, dass man nur die richtigen, zugkräftigen Argumente brauchte, um an das Geld der Sparer zu kommen. Deshalb schürte er in seinen Kampagnen regelmäßig die Angst vor der Inflation. Er zielte ferner auf den Neid gegen die Reichen und kreierte den Slogan „Reichtum für jedermann". Natürlich waren das reine Fake News. Ihm ging es nicht um den Reichtum für jedermann, sondern um seinen eigenen Reichtum. Aber es klang verteufelt gut.

Cornfeld tarnte sich als Verteidiger, ja Vorkämpfer des Kapitalismus, der viel gerechter sein müsste. Auch der kleine Mann hätte doch wohl das Recht, an den Segnungen einer florierenden Wirtschaft teilzuhaben. Man müsse dem Kapitalismus einen Sinn geben, propagierte er.

Dazu lockte er mit beträchtlichen Gewinnerwartungen. Bei seinen Fonds lag die Rendite angeblich deutlich höher, als wenn man Geld etwa in eine unattraktive Lebensversicherung steckte.

140

Bernie entdeckte außerdem, wie lukrativ es war, mit ganzen Verkäufer-Heerscharen zu arbeiten – durch deren hierarchische Strukturierung man vor allem an der Spitze exzellent verdiente. Und so wurde eine Armee von Verkäufern angeworben und auf die Menschheit losgelassen – vor allem in Deutschland.

Bei der IOS wurde in nie dagewesenem Ausmaß rekrutiert: Hausfrauen und Ärzte, unscheinbare Beamte und honorige Anwälte, hungernde Künstler und stolze Offiziere, kleine Schauspieler und berühmte Sportler befanden sich in ihren Reihen. Einfach jeder konnte mit dieser neuen Idee höchste Gewinne erzielen.

Schon nach kürzester Zeit verfügte die IOS über 15.000 Verkäufer. Ein ausgefeiltes System von Belohnungen und Motivationen spornte die Vertriebler zu immer höheren Leistungen an. Wer keine Leistung brachte, wer also nicht verkaufen konnte, flog umgehend aus dem exklusiven Club. Ein eigener Kodex band die Verkäufer eng und enger an die IOS. Im letzten der zehn Gebote des IOS-Kodexes gelobte der Mitarbeiter: „Ich werde mich für den Grundgedanken mit solcher Überzeugung einsetzen, dass der Nutzen der modernen Industriewirtschaft möglichst weit gestreut wird und die freiheitliche Gesellschaftsverfassung zur vollen Entfaltung gelangen kann."[1]

Der Grundgedanke? Alle sollten an den Segnungen des Kapitalismus teilhaben.

Den Fake News wurde also ein ethisches Mäntelchen umgehängt, das sie nach außen hin blendend aussehen ließ. Jeder IOS-Mitarbeiter glaubte, einer guten Sache zu dienen. Jeder trug die Fahne der IOS hoch vor sich her.

Heimlich, still und leise kommentierte Bernie allerdings, im engen Kreis seines Führungszirkels: „Es ist ein wichtiges Ingredienz des Erfolgs, Leute zu haben, die überzeugt sind, dass sie das Gute, Richtige und Ehrenhafte tun. Sie müssen daran glauben, dass unser Ziel nobel ist."[1]

Damit stellte sich Cornfeld in direkten Gegensatz zu den Banken, die seiner Meinung nach Räuber seien und den kleinen Mann schädigten.

Dieser hätte von ihm hingegen nur Vorteile zu erwarten. Während man in den Banken vornehm auf Kundschaft wartete, gingen die IOS-Vertreter ungleich aggressiver vor. Sie besuchten die Menschen zu Hause und trompeteten ihre „ehrenwerten" Absichten laut hinaus.

Schon 1967 besaß Cornfeld ein Vermögen von 10 Millionen Dollar, aber als er sich daranmachte, in seinem Unternehmen Aktien auszugeben, florierte das Geschäft erst wirklich. 1,5 Millionen Aktien wurden aus dem Nichts emittiert, von denen Cornfeld selbst rund 17 Prozent in seinem Besitz behielt. Bernie wurde unermesslich reich.

Er leistete sich jetzt allerlei Extras, kaufte sich mehrere noble Domizile, fuhr große Schlitten und verführte schöne Frauen. Auch das hatte Methode, spornte es seine Verkäufer doch an, sich die Hacken abzulaufen und nach dem gleichen Luxusleben zu streben. Kurz gesagt hatte der Glamour und Glitzer Methode.

Eines Tages stießen die Haustürvertreter allerdings auf massiven Widerstand. In der Bundesrepublik Deutschland und in der Schweiz kamen sie mit den Gesetzen in Konflikt. Die Konkurrenz schlief nicht und beobachtete die IOS mit Argusaugen. Konnte, ja durfte man einfach die Leute mit einem Besuch überfallen?

Daraufhin mussten sich die IOS etwas einfallen lassen. Sie entwickelten raffinierteste Telefon-Verkaufsgespräche, mit dem Ziel, potentiellen Kunden oder Opfer auf deren Wunsch hin in ihren eigenen vier Wänden aufzusuchen. Dazu wurde ein neuer Berufsstand ins Leben gerufen, der sich vornehm Anlageberater nannte. Schon bald schwärmten diese selbst ernannten Anlageberater wie Heuschrecken aus, um über die Menschheit herzufallen.

Dennoch gab es nach wie vor Gegenwind. Da der Hauptsitz der Vertriebsgesellschaft immer noch in Genf lag, konnte Bernie weiterhin mit dem „Schweizer Bonus" punkten, der Seriosität versprach. In Panama gab es zwar keine Probleme. Hier existierten keine Investmentgesetze, eine Briefkastenfirma tat hier alle Dienste. Doch die Schweiz hatte einen guten

Ruf zu verlieren. Und so setzten die mächtigen Schweizer Banken schließlich durch, dass die IOS in der Schweiz vollständig auf Vertreter verzichten musste.

Auch in den USA wurde man hellhörig. Die SEC, die US-amerikanische Aufsichtsbehörde, entschied schließlich, dass Bernie seine Fonds künftig weder in den Vereinigten Staaten verkaufen durfte noch an amerikanische Staatsbürger, die sich in Europa oder außerhalb der USA befanden.

Frankreich hatte längst die Pforten für die Finanzprodukte von Bernard Cornfeld geschlossen.

Im Hauptquartier der IOS schrillten also die Alarmglocken. Bernie ahnte, dass er andere Saiten aufziehen musste. Letztlich blühte das Geschäft nur noch in der Bundesrepublik Deutschland, wo man satte Gewinne machte. Doch auch hier war nicht alles eitel Sonnenschein.

Und so entstand der größte Public-Relations-Zirkus, den das konservative Deutschland bis dahin gesehen hatte. Kurz gesagt kaufte Bernie alles ein, was Rang und Namen hatte. Der größte Coup: Am 15. September 1967 stand in der *ZEIT* zu lesen, dass es Bernard Cornfeld gelungen war, Dr. Erich Mende (FDP) für sich zu gewinnen. Dr. Erich Mende war immerhin der ehemalige deutsche Vizekanzler. Wie hoch konnte man steigen! Mende übernahm den Vorsitz im Verwaltungsrat der IOS Deutschland GmbH, sein Jahresgehalt bewegte sich in einem sechsstelligen Rahmen. Natürlich schrie ein Teil der deutschen Presse auf: Wie konnte, wie durfte sich ein ehemaliger Vizekanzler dazu hergeben, auf den schnöden Mammon zu schielen? Aber das kümmerte den „schönen Erich" nicht, auch er war vom Fieber des Geldverdienens gepackt.

Als Cornfeld sah, wie leicht man sich Reputation verschaffen konnte, schlug er erneut zu. Schon vorher hatte er den Sohn des früheren Präsidenten Franklin D. Roosevelt, James Roosevelt, auf seine Seite gezogen: Also war dieser Cornfeld auch in den höchsten US-amerikanischen Kreisen zu Hause, folgerte man in Deutschland.

Bernie hatte Blut geleckt. Er hatte erkannt, dass man mit großen Namen die ganze Welt zum Besten halten kann. Das Geschäft florierte wieder, ja es blühte wie nie zuvor.

Bernie baute auch sein eigenes Image weiter aus. Der kahlköpfige, 1,65-Meter kleine Mann, der stets leicht overdressed, meist in Anzügen von Guy Laroche auftrat, kaufte sich zwei Schlösser, ein paar Luxus-Limousinen und einen lebenden Ozelot, weil das exotisch war.

Darüber hinaus begann er, engsten Kontakt mit Hugh Hefner zu pflegen, dem Gründer und Besitzer des *Playboy*. Er jettete nun regelmäßig am Wochenende nach Acapulco, wo er sich mit Hugh und seinen Bunnies die Zeit vertrieb.

Außerdem legte er seinen Ehrgeiz darein, sich regelmäßig vor seinen Reichtümern ablichten zu lassen. Da sah nun der staunende Leser der Gazetten in seinen Häusern teuerste Antiquitäten, Gemälde alter Meister und die schönsten Garten-Anlagen. Bernie hielt sich rassige Rennpferde. Selbst seine Toilette war ein Augenschmaus: Sie war als Thronsessel gestaltet.

Desungeachtet blieb Bernie beruflich weiter aktiv. In Deutschland fiel seine Saat offenbar auf fruchtbaren Boden. Er hob einen Fonds nach deutschem Recht aus der Taufe.

Am 21. September 1967 machte der „Frontmann" Erich Mende in Wiesbaden die Gründung einer weiteren Tochtergesellschaft der IOS publik. Sie trug den schönen Namen Altersinvest – eine Abkürzung für „Altersinvest-Beratungsgesellschaft für Anlageplanung und Altersversorgung mbH". Das Gründungskapital betrug 100.000 DM.

Dazu stand die Gründung einer eigenen Bank bevor, die in München ihren Sitz haben sollte. Und so erblickte die Orbis Bank GmbH das Licht der Welt, deren Existenz vom Bundesaufsichtsamt für das Kreditwesen abgesegnet wurde. Um hierfür den richtigen Geschäftsführer zu finden, griff Bernie erneut in die Trickkiste der Public Relations. Geschäftsführer wurde der ehemalige Bundeswohnungsbauminister Dr. Victor-Emanuel Preusker. Warum sollte man kleckern, wenn man auch klotzen konnte?

Die Unverschämtheiten in Sachen Öffentlichkeitsarbeit machten sich offenbar bezahlt. Und so stand Mitte 1969 schließlich in den Zeitungen zu lesen, dass man sogar die *Banque Rothschild S. A.*, Paris, zur Zusammenarbeit bewogen habe. Nun, die Rothschilds sind eine Legende. Sie agierten international, sie berieten Regierungen und Milliardäre. Wer wollte, wer konnte jetzt noch nur ein Wort über Bernie verlieren?

Außerdem wurde Walter M. Schirra, der berühmte US-amerikanische Astronaut, vor den Karren gespannt. Er avancierte zu einem der IOS-Direktoren.

Scheinbar versammelte sich rund um Cornfeld alles, was reich und berühmt war.

Der rührige Bernie blieb dabei nicht stehen. Im Jahre 1969 kündigte er an, dass in Hamburg das erste Bauprojekt der IOS entstehen sollte. 600 Apartments waren geplant, dazu mehrere Gemeinschaftseinrichtungen.

Daneben entstand ein Wachstumsfonds, der nun aggressiv vertrieben wurde. Die Zielgruppe: risikofreudige Kunden, die mit hohen und höchsten Renditen geködert werden sollten.

Da man mittlerweile über den aggressivsten Strukturvertrieb Deutschlands verfügte, schnellten die Umsätze weiter nach oben. 1968 verdiente man allein über 4 Milliarden DM. Erich Mende verkündete voller Begeisterung, dass man die IOS-Agenturen verdoppeln werde. Allein für die Tochtergesellschaft waren inzwischen 4.000 Mitarbeiter tätig, davon 3.500 hauptberuflich. Betreut wurden 125.000 Kunden, denen man systematisch das Geld aus der Tasche zog.

Um auch die Neider endgültig ruhigzustellen, beschloss man 1969 die Gründung eine IOS-Stiftung, deren Satzung vorschrieb, 5 Prozent des Konzerngewinnes gemeinnützigen Zwecken zukommen zu lassen.

Die Herzen flogen der IOS zu.

Ende des gleichen Jahres meldete die Presse, dass IOS-Aktien inzwischen an der Frankfurter Börse notiert würden. Weiter sei der Bau einer internationalen Hotelkette in Planung. Starten wolle die IOS mit einem Luxushotel auf Jamaika mit 400 Zimmern.

Was seine persönlichen Besitztümer anging, so kaufte Bernie kräftig ein. Er besaß inzwischen ein Schloss aus dem 12. Jahrhundert im französischen Burgund, Häuser in London und in Hollywood und eine ganze Flotte von Privatflugzeugen. Der Playboy begann sich in der High Society die schönsten Frauen herauszupicken und pflegte einige aufsehenerregende Affären, die die Klatschblätter beschäftigten. In Beverly Hills (Kalifornien), wo viele Celebrities wohnten, kaufte Cornfeld ein Herrenhaus, in dem er berühmte Schauspieler, hochadlige Damen und hübsche Models empfing.

DER ABSTURZ

Der Absturz kam auf leisen Sohlen. 1970 gab die Orbis Bank der IOS der Frankfurter Börse viele deutsche Standardwerte zurück, die sie in ihrem Besitz hielt, so Aktien von VW, VEBA, AEG, Farbwerke Hoechst und Linde. Offenbar musste man Geldmittel flüssig machen, Liquidität war gefragt. Schließlich überschüttete die Orbis Bank die Börse mit diesen Werten.

Dazu hielt sich hartnäckig das Gerücht, Bernie wolle sich von seinem Imperium trennen. Sein Imperium bestand längst aus einem unübersichtlichen Wirrwarr von Unternehmen in zahlreichen Ländern. Die Firmen stützten sich auf die vier Säulen Vertrieb, Fondsverwaltung, Versicherung und Banken/Finanzgesellschaften. Die verschiedenen Unternehmen saßen in Deutschland, Spanien, Italien, England, den Niederlanden, den Niederländischen Antillen, Kanada, Australien, Österreich, Honkong, im Libanon, in Luxemburg, Panama, in der Schweiz, auf den Bahamas, auf Malta, in Frankreich und wahrscheinlich noch ein paar anderen Ländern. Wer konnte bei all diesen Verzweigungen und Ablegern überhaupt noch den Überblick haben? Neben Steuersparparadiesen waren es auch Länder mit hochseriösem Image.

Aber Cornfeld wollte sich wie gesagt angeblich von diesem Imperium trennen. Der Gründer, der Übervater, der Gott verscherbelte sein Universum.

Ferner wurden Gerüchte laut, dass viele Repräsentanten, also Verkäufer, auf- und davongelaufen waren. Teilweise hatte sie die Konkurrenz mit offenen Armen aufgenommen. Und es gab genug Anleger, die ihre Sparprogramme nur unwillig, widerwillig oder gar nicht erfüllten. Die IOS-Aktien stürzten ab.

Der Chef der Orbis Bank, Preusker, suchte die IOS-Welt zu beruhigen, indem er die Aktienverkäufe lediglich als „Umschichtung" darstellen ließ. Edward M. Cowett, der Präsident der IOS in Genf, schob alle Gerüchte weit von sich, nach denen sich die IOS in Liquiditässchwierigkeiten befinde.

Aber nun ging es Schlag auf Schlag.

Verwaltungsangestellte wurden entlassen – allein in Deutschland rund 8 Prozent der 800 Beschäftigten. Man strich Verkaufsstellen und setzte Repräsentaten vor die Tür, weil sie angeblich zu wenig Umsatz brachten. Auch in der Schweiz und in England wurden Verwaltungsangestellte gekündigt.

Gleichzeitig bestätigte sich das Gerücht, dass Gottvater selbst, Bernie Cornfeld, sich zurückziehen wolle, zusammen mit Edward Cowett. Beide traten von ihren Posten zurück. Immerhin berief man noch Nachfolger: Sir Eric Wyndham White und Richard Hammermann.

Da erschien unverhofft ein rettender Engel. John Macandish King, ein US-amerikansicher Öl- und Finanzmagnat, und versprach, der IOS unter die Arme zu greifen. Dafür verlangte er von Bernie IOS-Vorzugsaktien zum Stückpreis von 4 Dollar. Doch der Sturz des Imperiums war nicht mehr aufzuhalten. King zog sein Angebot wenige Tage später zurück – einige Geldinstitute hatten ihm abgeraten.

Nun trat Erich Mende, der ehemalige deutsche Vizekanzler, einen Gang nach Canossa an. Im ZDF gestand er kleinlaut Fehler der IOS ein: Man habe die Entwicklung der Börse falsch eingeschätzt und einen zu hohen Verwaltungsaufwand betrieben. Auch die Gewinnversprechungen seien zu vollmundig gewesen.

Der Tag der Bescheidenheit brach an.

Nur ein paar Wochen später enthob man Mende seines Postens. Die IOS-Verkaufsorganisation wurde der Orbis Bank unterstellt. Die Verantwortlichen hier: Sir Eric Wyndham White, Bundeswehrinspektor a. D. Josef Moll, Rechtsanwalt Dr. Manfred Bohling und IOS-Direktor James Roosevelt – immer noch klingende Namen, die etwas hermachten.

Gleichzeitig meldete sich Cornfeld wieder zu Wort. Er versuchte, seinen Posten als Chef der IOS zurückzuerobern. Natürlich war Bernie von hochfliegenden Plänen beseelt: Er fabulierte davon, neuartige Film- und Fernsehstudios in der Nähe von Los Angeles zu errichten.

Aber das waren lupenreine Fake News.

Bernie hatte keine Chance mehr. An seiner Stelle wurde Robert E. Slater ernannt, der Wyndham White ablöste. Trotzdem meldete die IOS 95 Millionen Dollar Verlust – allein für das erste Halbjahr 1970.

Und dann brach das Imperium mit lautem Getöse zusammen.

Im Dezember 1970 verhaftete man in Genf die IOS-Spitzenmanager Robert Vesco und Milton Meissner. Der Vorwurf: unredliche Geschäftsführung. Zudem erstatteten ehemalige Angestellte der IOS Anzeige gegen Bernard Cornfeld persönlich und gegen Sir Eric Wyndham White. Der Vorwurf: gewerblicher Betrug. Viele forderten Schadensersatz.

Die Aktien der IOS, die einst bei 132 DM notiert hatten, stürzten in den Keller. Mitte 1972 wurden sie gerade einmal mit 69 Pfennig bewertet. Darüber hinaus wurde der Spitzenmanager Bernhard Rayers in der Nähe von Paris festgenommen. Der Vorwurf lautete, er habe Renter und Arbeiter um rund eine Viertelmillion DM geprellt. Im Herbst 1976 erhielt John M. King eine einjährige Haftstrafe.

Mit anderen Worten: Es wurde Jagd auf die Köpfe der IOS gemacht. Auch Bernie stand im Visier der Fahnder. Schon 1973 hatte man ihn in Genf verhaftet, aber knapp ein Jahr später gegen eine Kaution von 5 Millionen Schweizer Franken wieder auf freien Fuß gesetzt.

Wir wollen das Ende abkürzen: Die IOS fiel in sich zusammen wie ein Kartenhaus. Die Ratten verließen das sinkende Schiff, um nicht mit in den Abgrund gerissen zu werden.

Sparer und Anleger wurden letztlich um rund 2 Milliarden DM betrogen. 300.000 IOS-Kunden, die in verschiedene Fonds mit klingenden Namen investiert hatten, hatten das Nachsehen. Trotz zahlreicher Klagen sahen sie keinen Pfennig wieder.

300 IOS-Angestellte stellten 1969 Strafanzeige in der Schweiz, weil die IOS-Führung sie dazu ermutigt hatte, IOS-Aktien zu kaufen, was sie oftmals mit geliehenem Geld getan hatten.

Cornfeld besuchte törichterweise noch einmal Genf, einer der Schauplätze seines Unternehmens. Wieder wurde er verhaftet. Er saß diesmal elf Monate in Untersuchungshaft, bevor er gegen eine Kaution von 600.000 Dollar erneut frei kam. Der Finanzjongleur beteuerte immer wieder seine Unschuld und verwies auf sein Management, das angeblich für dieses Desaster verantwortlich sei. 1979 fand gegen Bernard Cornfeld ein Prozess statt. Das Spektakel dauerte drei Wochen. Am Ende wurde Cornfeld freigesprochen.

Viele Sparer verstanden die Welt nicht mehr.

Bernie reiste umgehend nach Arizona/USA. Hier gründete er eine Immobilienfirma.

1995 starb der Paradiesvogel, Abenteurer und Betrüger, selbst die raffiniertesten Finanzjongleure sind nicht unsterblich.

Sein System hingegen überlebte: In der Folge erlebte der Beruf des freien Anlageberaters einen enormen Boom, vor allem in Deutschland, aber auch in anderen Ländern. Bernies Methoden wurden von vielen Strukturvertrieben abgekupfert, die noch heute in Deutschland agieren. Viele der höchst erfolgreichen Vertriebsgruppen, die zumindest dem Namen nach „unabhängig" von Banken und Versicherungsgesellschaften arbeiten, sind Schüler Bernard Cornfelds, dessen Namen sie freilich nie erwähnen. Bernies Methoden machten zahlreiche Verkäufer im Finanzbereich wohlhabend. „Vater" Cornfeld hatte seinen gelehrigen Söhnen vielleicht keinen Cent hinterlassen, dafür aber sein Know-how und seine Methoden.

KLEINE ANALYSE

Trotz des höchst umstrittenen Freispruchs einigte sich die öffentliche Meinung schließlich darauf, dass Bernie ein Betrüger war. Es lohnt sich, seine Methoden genauer zu analysieren und wichtige Erkenntnisse herauszufiltern.

1. Bernard Cornfeld war ein Genie in Sachen Public Relations. Er hielt seine komplette Umgebung zum Narren und beeindruckte alle namenlos.

Kein anderer war so frech und dreist, einen ehemaligen Vizekanzler eines der bedeutendsten Länder der Welt anzuwerben – Erich Mende, den er mit Geld köderte. Auch Roosevelt war ein Meisterstreich. Er kaufte fast jeden, der Rang und Namen hatte und sich mit Geld verführen ließ.

Große Namen ziehen Presse und Aufmerksamkeit nach sich und schaffen Vertrauen.

Diese „Technik" ist eine besondere Variante von Fake News. Die „Neuigkeit" ist zwar nicht falsch, das unausgesprochene Versprechen dahinter allerdings schon.

Wir sollten großen Namen in Zukunft vorsichtiger begegnen – besonders, wenn es um unser Geld geht.

2. Zu Bernies Öffentlichkeitsarbeit gehörte darüber hinaus die Zurschau-stellung seines persönlichen Reichtums. Er umgab sich mit Luxusautos und Nobelvillen und sammelte Schönheiten wie andere Leute Brief-marken.

Seine eigene Tochter bezeichnete ihn als Playboy, „who could never get enough lovers"[2] – „der nie genug Geliebte haben konnte". Damit spiegelte er seinen Vertrieblern die ideale Welt der Schönen und Reichen vor, wozu ebenfalls exotische Urlauborte gehörten.

Wir sollten uns von Reichtum nicht sonderlich beeindrucken lassen – auch Schurken und Mafiosi prahlen mit diesen Attributen.

Da Bernies Reichtümer nur zusammengeräubert waren, sind sie in ge-wissem Sinne ebenfalls Fake News.

3. Auch der von Cornfeld geschürte Hass auf normale Banken fällt unter Public Relations – genau wie sein Slogan „Reichtum für jedermann", dem man natürlich nur zustimmen konnte. Dazu war der Finanzjongleur ge-rissen genug, sich hohe Werte, wie Ethik und Anstand, aufs Banner zu schreiben, Werte, von denen er selbst nichts hielt.

Fake News, Fake News, Fake News!

Menschen, die sich öffentlich und publikumswirksam Ethik zu eigen machen, ist zu misstrauen. Echte moralische Persönlichkeiten suchen selten oder nie das Rampenlicht.

Bernie nutzte schamlos das menschliche Bedürfnis nach ein wenig mehr Moral und Ehrlichkeit aus, um seine eigennützigen Ziele zu erreichen. Heh-re Ideale dienten dem Bauernfänger nur dazu, noch erfolgreicher zu sein.

4. Auch die Firmensitze in aller Herren Länder halfen Bernie bei seiner Öffentlichkeitsarbeit. Von juristischen Vorteilen einmal abgesehen, macht ein Finanzimperium, das in zahlreichen Ländern präsent ist, natürlich mächtig Eindruck. Offenbar handelte es sich hier um einen der Großen, vor dem man den Hut ziehen musste.

Dass diese Firmensitze mit den (veruntreuten) Geldern der Anleger finanziert wurden, erhebt diese „Technik" ebenfalls in den Rang der Fake News.

5. Bernard Cornfelds wahres Genie allerdings lag darin, dass er ein glänzender Verkäufer und ein noch besserer Rekrutierer war. Er konnte Mitarbeiter an Land ziehen wie ein begabter Angler Fische. Er war selbst durch die ganz harte Schule des Verkaufens gegangen, hatte keinerlei Scheu, Menschen anzusprechen und sie mit den ausgefallensten Versprechen zu ködern. Das machte ihn zu einem regelrechten Prototyp eines Fake-News-Jongleurs. Er gaukelte Menschen eine Welt voller Geld, frei von Sorgen vor, eine Welt, die er selbst verkörperte, mit einem Überfluss an Sex als Zugabe. Er arbeitete also eiskalt mit schwarzen Motivationstechniken.

Auf diese Art injizierte er Begeisterung und Schwung in seine Leute.

Aber da Geld das vorherrschende Motiv seiner Mitarbeiter war, scharte er eine Bande um sich, die sich in erster Linie selbst die Taschen füllen wollte. Ja, er konnte quasi aus dem Nichts Hunderte von Mitarbeitern rekrutieren. Dabei wälzte sich das System gleich einem Schneeball selbst fort und wurde zu einer Lawine. Denn jeder neue Verkäufer suchte so schnell wie möglich, weitere Verkäufer anzuheuern, an denen er verdienen konnte. Die kleinen Fische am unteren Ende der Hierarchie strampelten sich ab, und die Herren am oberen Ende strichen das Geld ein. Natürlich gab es innerhalb dieses Systems keinerlei Loyalität, sondern nur eine namenlose Show und Gier, wie sie noch heute in Strukturvertrieben gang und gäbe ist – wo in den oberen Rängen abgesahnt wird. Logischerweise musste also auch dieses System eines Tages zusammenbrechen.

6. Auch unter finanziellen Gesichtspunkten war das IOS-System zum Scheitern verurteilt. Die *Frankfurter Allgemeine Zeitung* machte darauf aufmerksam, dass es ein Fehler war, Geschäfte mithilfe von Steuerumge-

hungen zu machen, dass Aktien für die eigenen Leute oft ein Schuss ist, der nach hinten losgeht, und dass das Schneeballsystem fast immer in den Abgrund führt.[3] Außerdem hatten die IOS-Manager die Entwicklung der Börse falsch eingeschätzt und keine Rücklagen gebildet, wie das seriöse Firmen tun.

Auch hier waren die Verfehlungen also zahlreich.

VORLÄUFIGES FAZIT

Menschen wie Bernard Cornfeld gibt es auch heute noch und sind im Grunde relativ leicht zu erkennen: Sie fallen durch ihr protziges Gehabe auf, sind großkotzig, lieben den PR-Rummel und inszenieren stets die ganz große Show. Bescheidenheit und eine gewisse philosophische Abgeklärtheit sind ihnen fremd. Sie suchen enorm zu beeindrucken, durch Geld, Besitz und Frauen – alles nur Attribute ihrer Show.

Bernard Cornfeld war letztlich ein Hochstapler, der das Finanzsystem so gut durchschaute hatte, dass er damit jonglieren und Menschen an der Nase herumführen konnte. Er war ein ausgekochter Spitzbube, für dessen Show das Publikum insgesamt 2 Milliarden DM zahlte, nur um einmal seine Vorführung besuchen zu dürfen und Bernie auf seinem „Thron" sitzen zu sehen.

ENDGÜLTIGES FAZIT

Der besondere Wert von Bernies Biografie liegt in der Lehre, die wir daraus ziehen können. Tatsächlich bediente sich Mr. Cornfeld eines auch heute noch bekannten Musters: Unseriöse Finanzberater oder Anlageberater versuchen zunächst, Eindruck zu schinden. Sie täuschen oft vor, selbst unglaublich (erfolg)reich zu sein. Dabei helfen Besitztümer aller Art, der sündhafte teure Anzug, die Rolex, das Protzauto und anderes mehr.

Fake News.

Daraufhin bemühen sie sich, dem Opfer weiszumachen, in Sachen Anlagestrategie einen riesigen Wissensvorsprung zu haben.

Fake News.

Gewöhnlich wissen sie jedoch nur beim Verkauf mehr. Diese Art von Verkäufern oder Beratern wird nämlich in den teuersten und besten Seminaren wieder und wieder trainiert. Sie kennen jeden Trick und wissen, wie man einen Anleger/ein Opfer um den Finger wickelt.

Alle Anlagen mit einem Gewinnversprechen von 10 Prozent sind von vorneherein mit äußerster Vorsicht zu betrachten. Die meisten hochverzinslichen Investments sind unseriös. Geschickt wird dabei die Gier angesprochen.

Natürlich kann man sein Geld gut anlegen – in Immobilien und Aktien etwa –, vorausgesetzt, man hat sich selbst sachkundig gemacht und eine eigene Urteilskraft entwickelt. Nichts ersetzt eigenständiges Denken.

Unseres Erachtens nach ist es nicht möglich, die richtige, intelligente Geldanlage an andere zu delegieren. Alle Verkäufer – auch jene, die in Banken, Bausparkassen und Versicherungsgesellschaften operieren – versuchen immer nur, hauseigene Finanzprodukte zu verkaufen. Sie haben sich selbst und den eigenen Geldbeutel im Blick, nicht den Erfolg des Anlegers. Nicht nur der „graue Kapitalmarkt", dem Strukturvertriebe à la Bernie Cornfeld zugerechnet werden, ist von zweifelhafter Natur. Auch im Namen seriöser Banken wurden schon Millionenbeträge vernichtet, ganz zu schweigen von Immobilienvertrieben, die völlig überteuert Häuser und Eigentumswohnungen verkauften – eine Unsitte, der man bis heute begegnet.

Möchte man also vernünftig Geld anlegen, führt kein Weg daran vorbei, sich selbst damit zu beschäftigen und alles Wesentliche dazu zu lernen.

Es gibt keine Schnellstraße und keine Abkürzung, um schnell reich zu werden. Reich werden nur die Leute, die sich hervorragend auskennen, sei es in Bezug auf Immobilien oder Aktien oder ein bestimmtes Business.

Misstrauen wir also in Zukunft den Fake News von Anlageberatern, ganz gleich, aus welcher Ecke sie kommen. Belächeln wir die Methode, mit großen Namen um sich zu werfen, sei es eine Bank mit tadellosem Ruf, ein VIP aus dem Showgeschäft oder eine andere bekannte Persönlichkeit.

Lernen wir, dem Imponiergehabe zu widerstehen, das in sich selbst bereits eine Art Fake News ist, um auf Dummenfang zu gehen. Vieles ist Theater. Eigene Flugzeuge, eigene Schiffe, große, bedeutende Namen sollen bloß ablenken, uns blind machen. Sobald wir näher nachforschen, entdecken wir dahinter oft gar nichts.

Mit anderen Worten: Fake News kommen nicht immer nur eindimensional als primitive Lügen daher, sondern umwinden sich oft mit Girlanden, die uns daran hindern zu sehen.

Wenn wir all dies lernen, haben wir von Bernie Cornfeld viel gelernt.

9. FAKE NEWS
AUF DEM GESUNDHEITSSEKTOR

Theoretisch könnte man jeden einzelnen Wirtschaftszweig unter die Lupe nehmen und daraufhin abklopfen, inwiefern es dort Fake News gibt oder nicht. In Sachen Gesundheit das Blaue vom Himmel zu lügen ist heutzutage eine besonders beliebte Methode, Menschen durch Fake News über den Tisch zu ziehen.

Man braucht im Internet nur nach einem bestimmten Wehwehchen zu suchen – schon versprechen Tausende Seiten, wie man dem spielend leicht beikommen kann: Man muss lediglich das Produkt X oder das Produkt Y kaufen … Dabei sind die Informationen auf den verschiedenen Seiten derart widersprüchlich, dass man nur die Hände über dem Kopf zusammenschlagen kann.

Obwohl es einen Fortschritt darstellt, dass sich auch Laien informieren können, fällt auf, wie sehr sich die verschiedenen Schulen und Gurus einander widersprechen. Prinzipiell stehen auf der einen Seite die Schulmediziner, auf der anderen Seite die Naturheilkundler. Naturheilkundler verkaufen im Internet gern direkt Produkte. Dabei bedienen sie sich mehrerer Fake-News-Tricks, die man kennen sollte, will man in dem Informationsdschungel überleben und halbwegs ungeschoren davonkommen.

DIE FAKE-NEWS-METHODEN
DER ALTERNATIVMEDIZIN

- Der Naturheilkundler oder „Alternativmediziner" betont bisweilen, wie übel ihm von der Pharma-Industrie, mitunter sogar von Vater Staat und der Justiz, mitgespielt wurde. Er erzählt zum Teil wilde Abenteuergeschichten, beispielsweise dass er außer Landes fliehen musste oder im Gefängnis landete, während er doch nur versuchte, Menschen zu helfen. Kurz: Eine emotionsgeladene Story, in deren Mittelpunkt eine edle Person steht, die mit **schreienden Ungerechtigkeiten** zu kämpfen hat, wird geschickt mit einem Heilmittel in Verbindung gebracht. Mit dem Ergebnis, dass dem Vertreiber des Produktes die Herzen nur so zufliegen.

- Beliebt ist es auch zu erzählen, dass der eigene Vater (oder die Ehefrau oder das geliebte Kind) einem furchtbaren Leiden erlag, sodass sich der Erfinder oder Vertreiber eines Heilmittel-Produktes genötigt sah, selbst aktiv zu werden. Dem Leser strömen vor Mitleid die Tränen nur so über die Wangen. Natürlich wird er das Produkt kaufen. Die **Mitleidsmasche** öffnet besonders leicht den Geldbeutel.

- Eine andere Technik besteht im Vortäuschen einer **Fake-Gefolgschaft.** Ein Produkt erhält zum Beispiel auf einer Verkaufsseite im Internet zahlreiche Likes. Hinzu kommen massenhaft Erfolgsberichte. Das Heilmittel bzw. das Produkt wird über den Klee gelobt. Doch oft sind die Erfolgsberichte geschickt manipuliert. Und mit ein wenig Grips lässt sich auch leicht erkennen, dass sie getürkt und eingekauft worden sind. Inzwischen haben sich ganze Firmen eigens darauf spezialisiert, Likes oder gute Kritiken zu einem Produkt zu beschaffen. Insider sprechen davon, dass rund 30 Prozent aller Likes und Erfolgsstorys gefakt sind.[1] Umgekehrt bemühen sich Unternehmen wie Amazon mittlerweile darum, getürkte Positivberichte sofort wieder verschwinden zu lassen. Hier tobt ein Krieg um den Verbraucher und Käufer, der längst noch nicht ausgestanden ist.

- Ein anderer Verkaufstrick bemüht Ärzte oder andere Autoritäten, die manchmal durch ein kleines Videos bestätigen, wie fantastisch ein Produkt ist.

  Mit einem weißen Kittel und ein wenig Fachchinesisch wird suggeriert, dass der Arzt ein Experte ist, dem man unbesehen glauben kann.

  Die Wahrheit ist, dass gewisse Ärzte einfach gekauft werden und für eine bestimmte Summe fast jedes Statement abgeben, das von ihnen verlangt wird. (Nur nebenbei bemerkt: Der Professorentitel wird höher honoriert als der Doktortitel.)

- Wieder eine andere Methode verweist auf die **neuesten wissenschaftlichen Forschungen** oder Erkenntnisse. In diesem Fall werden beispielsweise Ausdrücke wie „Nanotechnologie" bemüht, die jeden Leser sofort vor Ehrfurcht erstarren lassen.

  Garniert wird der „Beweis" für ein tolles Produkt auch mit anderem, gerade aktuellem wissenschaftlichen Wortgeklingel, wie DNA oder Zellkern. Der Kunde ist beeindruckt – und kauft.

- Videos, Grafiken und generell illustrative Methoden, die Behauptungen unterstützen, gehören ebenfalls zum Repertoire der Fake-News-Spezialisten. Aber natürlich darf man nicht automatisch annehmen, dass alle Werbetricks auf ein Fake-Produkt hinweisen.

  Lachende Gesichter von angeblich geheilten Patienten tun ein Übriges, um den potentiellen Kunden zu überzeugen, dass möglichst rasch zugreifen sollte.

Fake News werden mit anderen Worten so schmackhaft, so raffiniert und so appetitlich serviert, dass der Kunde denkt: „Was zum Teufel habe ich schon zu verlieren, probieren kann ich es ja einmal." Also kauft er alle möglichen Mittelchen, nur um in vielen Fällen festzustellen, dass er wieder einmal an der Nase herumgeführt worden ist.

Dass es Ausnahmen und gute wertvolle Produkte gibt, muss man der Wahrheit halber ebenfalls hinzufügen.

Noch einmal: Bei Fake-Produkten wird das ganze ausgekochte Know-how der Werbung bemüht: Die hübsche Verkäuferin im Bild, die Feierlichkeit, mit der sich für ein Produkt stark gemacht wird, oder die warme, sexy Sprechstimme am Telefon bei einer fernmündlichen Produktbestellung – all das hat Methode. Hauptsache, die Kreditkartennummer stimmt und Geld wechselt den Besitzer.

Und so sind wir heute in einem unvorstellbaren Umfang von Fake News und Fake-News-Produkten umgeben. Da wir aufgrund eines Zipperleins weniger rational urteilen, weil uns der Schmerz am Nachdenken hindert und wir nach jedem Strohhalm greifen, werden Milliarden Dollar oder Euro im Gesundheitsmarkt versenkt.

DIE FAKE NEWS
DER SCHULMEDIZIN

Nun sollte an dieser Stelle keineswegs die Naturheilkunde gegen die Schulmedizin ausgespielt werden. Auch die Schulmedizin ist nicht unumstritten – möglicherweise wiegen ihre „Sünden" sogar schwerer.

Durch eine Flut von Anzeigen und Werbespots wurden und werden wir immer mehr in den Glauben getrieben, mit den richtigen Pillen lasse sich alles richten. Obwohl die pharmazeutische Industrie inzwischen auf Nebenwirkungen hinweisen muss, suggeriert sie dennoch, dass sie für praktisch jedes Problem eine Lösung hat.

In Wahrheit jedoch halten die Executives oder Chefs der Pharma-Riesen knallhart nach Target Markets, nach genau definierten Zielgruppen,

Ausschau. Sie analysieren deren Probleme und bieten danach exakt darauf zugeschnitten Pillen an, oft ohne Wirkung – von Nebenwirkungen ganz zu schweigen. So bietet die Pharma-Industrie inzwischen Pillen für Kinder, für Senioren, für Sportler, für Tiere, für alle möglichen spezifischen Krankheiten und Wehwehchen an, wie etwa Kopfschmerzen, Herzprobleme und so weiter. Einigen Kritikern zufolge erfindet sie am laufenden Band neue Krankheiten und Probleme und entwickelt daraufhin für eben diese „Krankheiten" neue Pillen.

Gern warnen Marketing-Manager großer Pharma-Firmen auch vor Risikofaktoren, für die in der Folge dieses und jenes Mittelchen angepriesen wird.

Ein Beispiel: Menschen sind zu dick? Fantastisch! Damit lässt sich eine neue Einkommensquelle erschließen. Denn dickleibige Menschen haben einen höheren Risikofaktor in Bezug auf ihr Herz. Die Pharma-Industrie entwickelt also eine entsprechende Pille und informiert mithilfe ihrer Vertreter die Ärzte darüber. Selbstverständlich werden den Doktoren spezielle Vergünstigungen gewährt, wenn sie das neue Medikament verschreiben. Der Arzt empfiehlt folglich nicht etwa eine zuckerfreie Diät und Sport, sondern verschreibt die neue Pille gegen diesen Risikofaktor. Ob sie hilft oder nicht, wissen nur die Götter. Auf jeden Fall kann wieder eine neue Pille aggressiv vermarktet werden.

Auf der Jagd nach Geld und Gewinn werden diverse Fake News präsentiert …, behaupten verschiedene Kritiker der Szene. Inzwischen wurden haufenweise Schwarzbücher über Pharma-Unternehmen und die Schulmedizin publiziert[2], und wir prophezeien, dass dies noch lange nicht das Ende der Fahnenstange ist.

Im Umkreis nichtfunktionierender Pillen finden sich immer Fake News. Aber *warum* wird hier mit der Wahrheit so lässig umgegangen? Nun, der Grund liegt in den Verdienstspannen.

Die zehn Pharma-Giganten auf dem Globus sind momentan folgende pharmazeutische Firmen:

1 Johnson & Johnson
2 Pfizer
3 GlaxoSmithKline
4 Novartis
5 Sanofi
6 Hoffmann-La Roche
7 AstraZeneca
8 Merck & Co.
9 Abbott Laboratories
10 Wyeth

Zugeben muss man, dass sich diese „Hitlisten" ständig ändern.

Kein anderer Wirtschaftszweig wirft zur Zeit so viele Gewinne ab wie die pharmazeutische Industrie. Was also spielt sich hier hinter den Kulissen ab?

- Während die Kosten für die Herstellung einer Pille denkbar niedrig liegen, sind die Verkaufspreise im Verhältnis dazu unanständig hoch. Um beispielsweise die (umstrittene) Pille „Prozac" herzustellen, benötigt das Unternehmen nur 0,11 Cent. Die Verkaufspreise allerdings übertreffen jedes Vorstellungsvermögen: 224,973 Prozent werden mit Prozac verdient – im Verhältnis zu den Herstellungskosten.[4] Die Gewinne sind wie gesagt astronomisch. Und so wird denn auch ohne Weiteres die eine oder andere „kleine Lüge" in Kauf genommen.

- Abgesehen von den riesigen Gewinnspannen ist es besonders bedenklich, dass Pillen süchtig machen können. Dazu kommen zuweilen furchtbare Nebenwirkungen. Speziell in den USA werden deswegen Prozesse geführt, bei denen es um Milliarden Dollar geht. Hier ein Auszug der Nebenwirkungen des Medikaments „Prozac" – bleiben wir bei unserem Beispiel:

- Albträume, Störungen im Denken, Verwirrtheit, Unruhesein, Schwächegefühle, übermäßige Transpiration,

- Geschmacksveränderungen,
- Herzklopfen, Schmerzen in der Brust und Schwellungen,
- Hitzewallungen, Gliederschmerzen,
- Magen-Darm-Beschwerden wie Appetitlosigkeit, Durchfall, Erbrechen, Übelkeit, Mundtrockenheit, Verstopfung,
- Beschwerden beim Schlucken,
- Schmerzen im Bauch,
- verschwommenes Sehen, Juckreiz,
- Störung der Sexualfunktionen, z.B. Verminderung der Libido,
- Beschwerden wie Kopfweh, Schlafstörungen, Nervosität, Müdigkeit, Ängste, Zittern, Benommenheit, Schwindelgefühle.[5]

Zu Recht darf man fragen, ob solche Pillen wirklich der Gesundheit dienen – oder ob vielleicht das Gegenteil der Fall ist. Dann handelte es sich um Fake News.

Fest steht, dass die Pharma-Industrie versucht, die Nebenwirkungen kleinzureden. Beinahe schon sprichwörtlich ist das berühmte Kleingedruckte. Oder die Nebenwirkungen werden in einem TV-Spot in einer so rasenden Geschwindigkeit heruntergeleiert, dass sie völlig untergehen, kaum vom Zuschauer verdaut werden können und nebensächlich wirken.

Kritiker sprechen deshalb auch in einem solchen Fall von Fake News, weil wichtige Fakten auf einmal unwichtig scheinen, was nicht sein dürfte.

Fake News entstehen also auch dann, wenn Wichtiges unwichtig erscheint und Unwichtiges wichtig. Der Verbraucher wird manipuliert.

Zwar wird dem Buchstaben des Gesetzes Genüge getan, aber nicht seinem Geist und eigentlichem Sinn.

- In den USA stellte eine Verbraucherschutz-Organisation fest, dass 29 häufig Senioren verschriebene Medikamente zu Parkinson führten – einer Gehirnerkrankung, die Zittern und Muskelversteifung nach sich zieht.[6]

Andere Medikamente mit derselben Zielgruppe verursachten Depressionen, Halluzinationen, Verstopfungen, Schlafstörungen und Schlimmeres. Wieder andere beschworen nach der Einnahme des Medikamentes Knochenbrüche und Autounfälle herauf.
Steigerung der Gesundheit? Fake News!

• Fake News erwachsen ebenfalls, wenn Fakten nicht publiziert oder verdreht werden. Kritikern zufolge gibt es heutzutage fast keine unabhängigen Forscher mehr, die ein neues Medikament objektiv und neutral bewerten. „Rund 98 Prozent aller ‚Wissenschaftler‘, die für Pharma-Unternehmen ein Medikament beurteilen, [geben] ein positives Urteil über ein Medikament ab."[7] Verirrt sich trotzdem einmal ein neutraler Wissenschaftler in eine Testgruppe, fallen nur 79 Prozent der Beurteilungen positiv aus. (Ron Gilbert)

Wer die Musik bezahlt, bestimmt die Melodie.

Wieder Fake News.

Auf gut Deutsch heißt das, dass die pharmazeutische Industrie nicht nur Politiker und Lobbyisten einkauft, die ihre Interessen innerhalb der Demokratie vertreten, sondern auch Wissenschaftler. Und Kritiker behaupten, dass sie sich sogar in Komitees einschleicht, die eine Überwachungsfunktion ausüben sollten.

Fest steht auf jeden Fall, dass in den USA Pharma-Unternehmen sowohl „rechte" als auch „linke" Politiker mit riesigen Wahlkampfspenden unterstützen. Egal, wie eine Wahl ausgeht …, die Pharma-Industrie steht immer auf Seite des Siegers.

Selbst die Medien stehen in einer gewissen Abhängigkeit von der pharmazeutischen Industrie. Denn sie bezahlt viele der sündhaften teuren Anzeigen oder Fernsehspots. Zieht Big Pharma seine Unterstützung zurück, schaltet sie also keine Werbung mehr, entstehen für die betroffenen Fernsehsender und Zeitschriften riesige Verluste.

Und so braucht man nicht einmal in die Niederungen der Details hinabzusteigen, um zu erkennen, dass auf diese Weise ständig Fake News kreiert werden – mit stillschweigender Unterstützung der Medienbosse.

Es würde an dieser Stelle zu weit führen, alle Probleme aufzulisten, die die Schulmedizin und die Pharma-Industrie betreffen.

Halten wir nur so viel fest: Auch vonseiten der Schulmedizin sehen wir uns einem Meer von Fake News gegenüber, das nicht einmal ansatzweise in seinen Tiefen ausgelotet worden ist. Der Normalbürger weiß kaum darum, er begegnet den schulmedizinischen Autoritäten vielmehr voller Ehrfurcht.

Vielleicht sollte man eine Pille erfinden, die gegen Fake News immunisiert, oder ein Mittelchen, das Lügnern augenblicklich eine lange Pinocchio-Nase wachsen lässt? Wir sind sicher, dass viele Schulmediziner und mit ihnen zahlreiche Manager der pharmazeutischen Industrie ständig mit riesigen Nasen herumstolzieren würden.

ANDERE WIRTSCHAFTSZWEIGE UND DIE HEHRE WISSENSCHAFT

Und so könnte man einen Wirtschaftszweig und nach dem anderen betrachten, ja sogar die verschiedenen Wissenschaften. Man würde voller Staunen erkennen, wie viel dort manchmal zusammenfantasiert wird.

Es gibt Branchen, in denen weniger geflunkert wird, und Branchen und Wissenschaften, die von vorneherein mit einer gewissen Distanz zu betrachten sind.

Besonders kritisch steht man heute zum Beispiel der Psychologie und der Psychiatrie gegenüber, in deren Rahmen oft alle möglichen Märchen erzählt werden – die nach kurzer Zeit schon wieder passé sind. Alles etwa auf den Sexus zurückzuführen – wie es innerhalb der Psychologie eine Weile gang und gäbe war – erzeugte am laufenden Band Fake News.

Viele angebliche Wissenschaften sind es nicht.

Auf der anderen Seite stehen zahlreiche honorige Wissenszweige und Branchen, die regelmäßig auf hervorragende Resultate verweisen können.

Doch kehren wir noch einmal zu unserem Ausgangspunkt zurück und untersuchen erneut die Branche, in der der Ausdruck „Fake News" erfunden wurde bzw. zu Ruhm gelangte – zur Politik.

Wenn es um getürkte Nachrichten geht, schlagen Politiker alle Unternehmer und Wissenschaftler um Längen. Um dem Feind, das heißt der gegnerischen Partei, eins auszuwischen, wird hier gelogen, geschwindelt und geflunkert, werden Tatsachen entstellt, verdreht, beschönigt oder übertrieben, dass es eine Wonne ist. In der Politik wird die Wahrheit regelmäßig zu Grabe getragen. Man macht Lügenbaronen Konkurrenz. Es wird fabuliert und geheuchelt. Sofern es der eigenen Sache dient, werden sogar vor laufenden Kameras Krokodilstränen vergossen.

Doch kehren wir zu unserem Anfang zurück – zu Donald Trump, der dem Begriff erst zu seiner enormen Popularität verhalf, in den Zeitungen und Gazetten, den Radiostationen und TV-Redaktionen diesseits und jenseits des Großen Teiches. Er beschäftigt mit seinen Nachrichten die Welt. Im Verhältnis zu ihm fehlt es Schauspielern an Unterhaltungswert. Betrachten wir noch einmal die Fakten und lassen wir uns überraschen.

10. DER FALL
DONALD TRUMP

Selten oder nie wurde eine Schlacht erbitterter ausgetragen und ein Wahlkampf unversöhnlicher geführt als zwischen Hillary Clinton und Donald Trump.

Und selten oder nie wurde eine Person widersprüchlicher in den Medien dargestellt als „The Donald".

Für die „Rechten" in den USA – sprich für die Republikaner, in einigen Beziehungen mit der CDU in Deutschland vergleichbar – ist Donald Trump eine Lichtgestalt, ein Selfmade-Milliardär, ein Mann mit Durchblick in Politik und Wirtschaft, ein Leader voller Chuzpe und Charisma und hochbegabt darin, das Volk zu Begeisterungsstürmen hinzureißen; für sie ist „The Donald" eine ökonomische Kapazität, ein unglaubliches Energiebündel, vergleichbar bestenfalls mit dem beliebten Ronald Reagan.

Für die „Linken" in den USA – sprich für die Demokraten, wie sich die große Volkspartei links der Mitte nennt, punktuell vergleichbar mit der SPD in Deutschland – ist er ein Schaumschläger, ein Volksverführer, ein Rattenfänger und ein Schurke durch und durch; er ist für sie ein erbärmlicher Schürzenjäger, der Frauen, Afro-Amerikaner und Mexikaner verachtet; für sie ist er ein Womanizer und Weiberheld, ein Playboy, der nur aufgrund der Millionen seines Vaters so hoch aufsteigen konnte, ein Hochstapler und Bluffer, eine Gefahr für die Demokratie, ein Demagoge wie er im Buche steht, vergleichbar nur mit Adolf Hitler.

Donald Trump ist also ein hervorragendes Studienobjekt für Fake News, zumal er diesen Ausdruck selbst immer wieder in den Mund nimmt und pausenlos auf die Fake-News-Medien einschlägt, wie er sie nennt.

Was ist in diesem Fall also „wahr" und was nicht?

Unmöglich können beide Seiten recht haben. Nun, tatsächlich gibt es eine klare Antwort auf diese Frage. Sie lehrt uns mehr über Fake News als viele andere Exempel zusammen.

BIOGRAFISCHE NOTIZEN

Tragen wir zunächst einige Fakten zu seiner Biografie zusammen.

Donald Trump wird 1946 geboren. Sein Vater ist ein erfolgreicher Immobilienunternehmer, von ihm lernt „The Donald" das Geschäft von der Pike auf. Mit dem Bau von Wohnhäusern in den (unterprivilegierten) New Yorker Stadtteilen Brooklyn und Queens, aber auch in Virginia, wird der Vater Multimillionär. Sein Know-how, wie man mit Wohnungen reich wird, gibt er an seinen Sohn weiter. Trump studiert zudem Wirtschaftswissenschaft, natürlich mit dem Schwerpunkt Immobilien. Intellektuell beeinflusst wird Donald Trump vor allem von Norman Vincent Peale, einem Guru des positiven Denkens.

Gegen den Rat seines Vaters engagiert sich Donald auch in Manhattan, dem New Yorker Nobelbezirk, dem kulturellen, finanziellen und medialen Brennpunkt der Vereinigten Staaten von Amerika – wo das Pflaster heiß und sündhaft teuer ist.

Trump will hoch hinaus, höher als sein Vater, er will in besseren Wohngegenden investieren – eben in Manhattan. Er besteht bravourös mehrere Immobilien-Abenteuer und wird zu einem Phänomen. Schon bald hat er

Zugang zu den oberen Zehntausend, wo das große Geld verdient wird. Er überlegt, wie er sich auf die höchste Stufe der Erfolgsleiter katapultieren kann. Und so entsteht das Projekt „Trump Tower".

In diesem Wolkenkratzer mit 58 Etagen werden feinste Wohnimmobilien und Büros zur Verfügung gestellt. Auf der offiziellen Homepage des Trump Towers werden aus PR-Gründen 68 Stockwerke genannt. Der Trump Tower gehört zur *Trump Organization*, die sich später zu einem Mischkonzern auswächst, in dem Immobilien aus aller Welt gehalten werden, wie Trump Hotels oder Trump Golfplätze. Auch die Sparte *Trump Entertainment* sowie zahlreiche andere Unternehmen befinden sich unter diesem Dach. Heute besitzen Trump und seine Söhne über 20 Golfplätze in den USA, Irland, Schottland und in den Vereinigten Arabischen Emiraten, dazu Luxusimmobilien in verschiedenen Ländern. Einen Trump Tower gibt es inzwischen in Chicago, Las Vegas und Vancouver.

Doch gehen wir noch einmal einen Schritt zurück.

Nach anfänglichen Erfolgen übernimmt sich „The Donald". 1990 schlittert er knapp am Bankrott vorbei, als die Preise für Immobilien in tiefste Tiefen stürzen und er einige Fehlinvestitionen tätigt und sich verspekuliert. Dank seines Verhandlungsgeschicks überlebt er. Denn Spitzenbanker beschließen, ihm einen weiteren Kredit und eine zweite Chance zu geben und ihm über das Tief hinwegzuhelfen. Sie versprechen sich von einem weiter rührigen Donald Trump mehr Gewinn, als wenn sie ihn während der Flaute über die Klinge springen lassen.

Trump kämpft sich tapfer wieder nach oben und überlebt die Krise, ja er geht sogar gestärkt daraus hervor, um einige wichtige Erfahrungen reicher.

Früh erkennt er den Wert der Public Relations. Deshalb finden sich früh große Namen in seinen Bekanntenkreis. Unter anderem zählen Michael Jackson und Steven Spielberg zu seinen Kunden, die beide im New Yorker Trump Tower für viele Millionen Dollar Wohnungen kaufen. Trump steigt immer höher auf. Erneut scheffelt er Geld und nochmals

Geld, doch diesmal geht er klüger vor. Systematisch pflegt er das Image des supererfolgreichen Geschäftsmannes. Noch immer pokert er zwar unverschämt hoch, doch mittlerweile kennt er sich aus. Er macht nun in einem atemberaubenden Umfang Geschäfte. Natürlich geht das nicht ganz ohne Blessuren für die Leute ab, mit denen er in Berührung kommt. 3500 Gerichtsverfahren beweisen, dass man sich mit Trump besser nicht anlegt, er scheut keine Konfrontation.

Nur er weiß, dass sein wahres Erfolgsgeheimnis darin besteht, den Blick stets auf die absolute Spitze zu richten.

Ein neues Kapitel beginnt, als er einen superlukrativen Fernsehvertrag für die Reality-Show *The Apprentice* erhält. Aufgrund seiner unvergleichlichen Fähigkeit, sich selbst in den Mittelpunkt zu rücken, wird er der Star der Show. Allein mit dieser TV-Sendung verdient Trump pro Jahr eine dreistellige Millionensumme.

Mit unglaublichem Geschick baut er den Namen „Trump" zu einem Nobel-Markennamen auf, der mit Geld, Erfolg und Reichtum assoziiert wird. Trump verkauft an diverse Produkthersteller und Unternehmen die Lizenz an seinem Namen. Von Herrenbekleidung bis zum Schlips, von Steak bis zu Parfümen, von Mineralwasser bis zu Immobilienprojekten …, überall findet man nun den Namen Trump. Die Gewinnspannen sind gigantisch. Die Gleichungen heißen: Trump = Luxus, Trump = Erfolg, Trump = Top of the top. Die Millionen fließen nur so herein. Die Marke „Trump" wird in alle Köpfe gehämmert. Sein bloßer Name entwickelt sich zu einer wahren Goldgrube. Er gründet sogar eine *Trump-University*, an der angeblich Immobilen-Geheimnisse ausgeplaudert werden und Tricks, wie man schnell reich wird. Später scheitert er mit diesem Projekt. Doch das Lizenzbusiness wächst und gedeiht, ebenso boomt das Immobiliengeschäft. Trump baut Golfplätze und Nobelhotels in aller Herren Länder, da das zu dem Image der Marke „Trump" passt.

Ein Imperium des Geldes entsteht. Trump ist ein Genie der Selbstinszenierung, er ist ein Meister der Eigenvermarktung. Die Presse liebt ihn, ja die Medien jubeln ihm zu. Denn er ist immer für eine Story gut und zeigt sich nur mit den schönsten Frauen in der Öffentlichkeit. Außerdem bleibt er geschickt in Kontakt zur ersten Politiker-Riege. Alle hält er sie sich warm – auf der „rechten" wie auf der „linken" Seite. Trump spendiert großzügig Millionen Dollar für Vertreter beider Parteien, er „kann" mit den Demokraten und den Republikanern.

Insider schätzen, dass er zwischen 2 und 10 Milliarden Dollar schwer ist. Nachweise sind jedoch kaum zu erbringen. Unterschiedliche Zahlen geistern durch die Presse.

Und so greift Trump nach den Sternen. Er beschließt, auf dem Präsidentenstuhl der Vereinigten Staaten von Amerika Platz zu nehmen, ein Job, der ihn zum mächtigsten Mann der Welt machen würde.

Er weiß nicht, worauf er sich einlässt.

„The Donald" stürzt sich in die Politik und lässt sich als Präsidentschaftskandidat der Republikaner aufstellen. Er betritt die Weltbühne.

DER KANDIDAT

Trump tritt gegen die gefährlichste republikanische Phalanx aller Zeiten an, gegen alles, was auf der „rechten" Seite Rang und Namen, Geld und Einfluss hat. Er muss sich zunächst gegen die eigenen Parteigenossen durchsetzen, die nach dem Präsidentenamt schielen.

Und nur einer kann gewinnen. Dazu ist es nötig, sich in zahlreichen Fernsehdiskussionen und Interviews zu beweisen. Trump besitzt ein besonderes Talent: Er kann eine Person mit einem einzigen Ausdruck charakterisieren, der dann wie Kaugummi an ihr kleben bleibt. Er muss diesen Ausdruck nur immer wiederholen und mit aller Kraft in die Köpfe hämmern.

Donald Trump schaut sich um. Viel Feind, viel Ehr denkt er. Da ist der redegewandte Chris Christie, wegen seiner Leibesfülle „Fatty Fat" genannt, ein Gouverneur aus New Jersey, dessen Zunge so spitz ist, dass er damit Löcher in ein Holz bohren kann, wie seine Feinde behaupten. Marco Rubio, den hochintelligenten Senator aus Florida, darf man ebenfalls nicht unterschätzen. Er wird bei den Republikaner als kommendes Megatalent gehandelt. Carly Fiorina, eine Businesswoman, die einen Milliardenkonzern leitete, muss man ebenfalls im Auge behalten. Brandgefährlich ist auch Ted Cruz, ein Senator aus Texas, der grundsätzlich jedes Rededuell gewinnt. Der heimliche Favorit aber scheint Jeb Bush zu sein, der ehemalige Gouverneur Floridas, der aus der berühmten Bush-Familie stammt und dessen Bruder und Vater das Präsidentenamt bereits innehatten. In der Bush-Familie ist das Geld zu Hause, sie hat beste Beziehungen zur Ölindustrie.

Trump legt los. Instinktsicher schießt er sich auf Jeb Bush ein und hackt auf ihm herum wie eine Krähe. Er bezichtigt ihn, nur „low energy" zu haben und deshalb für das Präsidentenamt nicht geeignet zu sein, – und das alles während eines öffentlichen Fernsehauftritts, der voller Spannung von Millionen Amerikanern an den Bildschirmen verfolgt wird und in der alle Kandidaten gegeneinander antreten. Bush jault auf. Aber wie erwartet bleibt der Ausdruck an ihm kleben. Jeb Bush versucht zurückzuschlagen, doch das misslingt. „Low energy-Bush" verliert bei den Vorwahlen, also bei den Abstimmungen innerhalb der Republikaner in den über 50 US-amerikanischen Staaten, immer mehr an Boden. Bush wirft zwar alles in die Waagschale. Der Vater, der Bruder, sogar die greise Mutter treten bei Wahlveranstaltungen auf und loben ihn über den grünen Klee. Doch alles ist vergeblich. Genüsslich sieht Donald Trump, wie er an Jeb Bush vorbeizieht und dieser eine Vorwahl nach der anderen verliert.

Trump reibt sich die Hände und schaut sich weiter um. Versehentlich patzt er ein paarmal während einiger Fernsehinterviews, aber man lässt es ihm durchgehen. Immerhin sei er kein typischer Politiker, tönt er, einige Fangfragen der Journalisten dienten ja nur dazu, ihn hereinzulegen. Die Öffentlichkeit applaudiert und verzeiht ihm.

Chris Christie, der scharfzüngige Gouverneur von New Jersey, fällt als Nächstes um. Obwohl Christie theoretisch jeden Schlagabtausch auf der Fernsehbühne gewinnen könnte, tritt er schon nach kurzer Zeit beiseite. Ja, er schlägt sich sogar auf Trumps Seite. Christie spürt, dass er keine Chance hat und Trump der kommende Mann ist. Das große Geld steht auf Trumps Seite, Christie hat es nie zu Reichtum gebracht. Außerdem droht in New Jersey ein Skandal. Mit Christie hat Trump plötzlich einen mächtigen Verbündeten, der New-Jersey-Gouverneur kennt das Spiel hinter den Kulissen.

Marco Rubio, der beliebte Senator aus Florida, drängt sich ins Rampenlicht. In einem erbitterten Schlagabtausch während einer Fernsehdebatte schlagen wieder alle Kandidaten gegeneinander los. Der hochgewachsene Trump holt mit seinem Wortschwert aus und bezeichnet Rubio als „little Marco". Auch diese Charakterisierung bleibt kleben. Die Klatschpresse jubelt. Wieder ist der Skandal perfekt.

Als Trump dann Carly Fiorina, die immerhin den Computergiganten Hewlett-Packard als CEO leitete, mehr oder weniger deutlich „hässlich" nennt, sinkt auch deren Stern.

Als gefährlichster Gegner entpuppt sich schließlich Ted Cruz, der Senator aus Texas, der im Austeilen ebenfalls nicht zimperlich ist.

Dagegen sind der Arzt Ben Carson und der ehemalige Gouverneur von Texas Rick Perry – beides ebenfalls Bewerber um das Präsidentenamt – Leichtgewichte, die Trump quasi nebenbei auf seine Seite zieht.

Ted Cruz hingegen ist ein anderes Kaliber. Cruz setzt alles auf eine Karte. Cruz und Trump schlagen aufeinander ein wie in einem Boxring. In verschiedenen Staaten, in denen Vorwahlen stattfinden, findet ein regelrechtes Gemetzel statt. Cruz verfügt über eine hervorragende Mannschaft, er hat alles minutiös geplant. Er ist Trumps letzter ernsthafter Gegner innerhalb der Republikaner. Ganz Amerika zittert vor Aufregung, als die beiden aufeinanderprallen. Der Kampf ist ganz nach amerikanischem Geschmack, die einem guten Fight nie ausweichen. Auf beiden Seiten fährt man schwerste Geschütze auf, zu denen auch Fake News gehören. Die verschiedensten Argumente fliegen hin und her.

Da holt Trump zu einem fürchterlichen Schlag aus. Er bezeichnet Ted Cruz als „lying Ted" oder „lyin' Ted" – als Lügented. Wieder bleibt der Ausdruck haften. Cruz unternimmt zwar alles, ihn abzuschütteln, scheitert jedoch. Selbst Menschen auf der Straße bewerfen ihn mit diesem Ausdruck wie mit Dreck. Cruz, von Haus aus Jurist, in allen rhetorischen Kniffen versiert, erlebt am eigenen Leib, dass Trumps Fähigkeit, einen Gegner mit nur einem Ausdruck ins Abseits zu stellen, seinem Talent weit überlegen ist.

In einer letzten Kraftanstrengung schließen sich einige Gegner kurz, die Trump bislang aus dem Rennen geschlagen hat. Sie wollen Trump als Präsidentschaftskandidaten verhindern. Der Anschlag misslingt. Trump zieht an allen vorbei.

Als Trump Cruz dann anklagt, eigentlich in Kanada geboren zu sein und mithin kein „richtiger" Amerikaner (Fake News), ist das bereits sein halber Todesstoß. Danach holt Trump noch einmal richtig aus. Er verdächtig Cruz' Vater, in Verbindung mit John F. Kennedys' mutmaßlichem Mörder gestanden zu haben – mit Lee Harvey Oswald (Fake News). Ted Cruz schlägt zurück, vergeblich. Der Ausdruck „lying Ted" ist nicht mehr aus der Welt zu schaffen.

In Wahrheit lügen beide wie gedruckt.

Schließlich zeigen die objektiven Zahlen, dass Cruz die Vorwahlen nicht mehr gewinnen kann.

Donald Trump gewinnt die Kämpfe, er geht als strahlender Sieger aus dem Gemetzel hervor. Er weiß nicht, dass ihm die furchtbarste Schlacht noch bevorsteht.

DER PRÄSIDENT

Auf Seite der Demokraten hat man sich längst warm gelaufen. Dort hat Hillary das Rennen gemacht, einige Gegner wurden von ihr ebenfalls wenig vornehm aus dem Feld geschlagen. Hillary tritt gegen „The Donald" an.

Donald Trump überlegt, wie er das Wild am besten verwunden kann. Da Hillary Clinton ein glückliches Händchen dafür hat, Gelder für ihre *Clinton Foundation* zu sammeln, und da dabei – zumindest einigen Journalisten zufolge – einiges möglicherweise nicht ganz mit rechten Dingen zugegangen ist, heftet er ihr den Ausdruck „crooked Hillary" an – „Gauner-Hillary". In der Folge verzichtet Trump bei keiner Gelegenheit darauf, diesen Ausdruck in die Köpfe zu hämmern.

Auf der Gegenseite schläft man ebenfalls nicht. Jedes Blatt wird umgedreht, jede Verfehlung von Trump als Immobilienunternehmer ans Tageslicht gezerrt. Und da gibt es einiges. Eifrig ist man zudem darauf bedacht, ihm sexistische, frauenfeindliche Äußerungen und Verhaltensweisen zu unterstellen, dazu angeblich diskriminierende Aussagen über Schwarze. Man will die Frauen als Wähler gewinnen und die Afro-Amerikaner. Einige Halbwahrheiten werden aufgebauscht, ein wenig hin und her gewendet und ebenfalls als Fake News verkauft.

Die gesamte „linke Mafia" schießt sich auf Trump ein. Da die Medien in den USA zu 70 bis 80 Prozent „links" stehen, also auf Seiten der Demokraten, prasseln nun die Anklagen gegen Trump wie Hammerschläge auf ihn ein.

Da finden Wühler heraus, dass Hillary bei der Sicherung ihres Computers, den sie als Außenministerin benutzte, reichlich fahrlässig handelte und wahrscheinlich gegen Security-Regelungen verstieß, die teilweise schwer bestraft werden.

Die Medien stürzen sich darauf.

Als zudem einige (geheime, private) E-Mails verschiedener Top-Demokraten bekannt werden – publiziert vom umstrittenen Julian Paul Assange, einem australischen politischen Aktivsten, einem ehemaligen Computerhacker und Programmierer, dem Sprecher der Enthüllungsplattform *Wiki-Leaks* – ist der Schaden unverkennbar.

Aber schwerer wiegen die *Classified Emails*, also E-Mails, die eigentlich der Geheimhaltung unterliegen und von Hillary nicht gesichert wurden. Die unglaublich mächtige Geheimdienstszene in den USA steht Kopf. Das FBI schaltet sich ein und untersucht den Vorgang.

Auf beiden Seiten versucht man, in den letzten Tagen vor der Wahl die wildesten Skandale zu inszenieren. Trump wird immer wieder als Rassist und Frauenfeind verschrien. Einige seiner Weibergeschichten werden ans Licht gezerrt, ein paar sind Fake News, andere stimmig.

Umgekehrt weist Trump auf die Vergehen Bill Clintons hin, der ebenfalls kein leuchtendes Vorbild in Bezug auf Frauen ist. Trump und seine Truppen deuten abermals auf die *Clinton Foundation*, die auch Geld von Staaten annahm, in denen Frauen bis heute als Menschen zweiter Klasse betrachtet werden – in einigen arabischen Staaten etwa. Trump bezeichnet die Clintons als „hypocrites", als Heuchler.

Schmutzige Wäsche wird gewaschen.

Die Fernsehdebatten zwischen Trump und Clinton sehen 80 Millionen Amerikaner. Die Emotionen schlagen so hoch wie nie zuvor.

Dass Bill Clinton in Russland für eine einzige Rede zwischen 500.000 und 750.000 Dollar kassierte, sorgt für Zündstoff. Und dass Hillary einerseits unter Obama das *State Department*, das Außenministerium, leitete und andererseits für die *Clinton Foundation* Gelder sammelte, spricht auch nicht für sie.

Da schlägt eine weitere Bombe in Hillarys Lager ein. Es wird bekannt, dass Anthony Weiner, Ehemann von Huma Abedins, einer Mitarbeiterin und engen Vertrauten von Hillary, in zweifelhafte sexuelle Aktivitäten verstrickt ist – mit Minderjährigen. Außerdem ließ Huma ihrem Mann E-Mails von Hillarys Computer zukommen, die ebenfalls als „confidential" oder „secret" eingestuft werden könnten. Und das alles wird fünf Minuten vor Zwölf publik.

Die Ereignisse überschlagen sich.

Elf Tage vor der Wahl im Jahre 2016 kündigt FBI-Direktor James Comey neue Ermittlungen gegen Hillary an.

Die Medien sind wie elektrisiert, die Atmosphäre fühlt sich wie vor einem Vulkanausbruch an.

Trump seinerseits hat gerade mit äußerster Mühe einen Skandal halbwegs abgebügelt, der ihn in ein schiefes Licht rückt. Ein Video beweist zweifelsfrei, dass er einst abwertende, schmutzige Bemerkungen über Frauen machte und damit prahlte, wie leicht man sie ins Bett bekommen könne, sofern man nur ein VIP und berühmt sei.

Die letzten Vorwürfe sind auf beiden Seiten keine Fake News. Aber sie werden übertrieben, immer wieder über den Äther verbreitet, von „Experten" besprochen und von allen juristischen und moralischen Seiten aus beleuchtet. Sie werden künstlich lange diskutiert, was in gewissem Sinne eben doch eine Art Fake News darstellt, da sie eben keine News mehr sind. Sie werden pausenlos wiederholt, Beweis dafür, dass mit härtesten Bandagen gekämpft wird. Immerhin geht es um die reine Macht, um den einflussreichsten Posten auf der Welt.

Schließlich schlägt die Stunde der Wahrheit. Die Amerikaner eilen zu den Urnen. Das Ergebnis ist bekannt: Hillary verliert die Präsidentschaftswahl. Die Demokraten verstehen die Welt nicht mehr, deuteten doch alle Umfragen auf einen Sieg Hillarys hin. Donald Trump wird der 45. Präsident der Vereinigten Staaten von Amerika.

Er weiß nicht, dass der Krieg erst jetzt richtig losgeht.

DIE FAKE-NEWS-SCHLACHTEN

Wer annimmt, mit der gewonnen Wahl sei die Sache entschieden, irrt. Die Demokraten lassen von nun an keine Gelegenheit aus, um „The Donald" das Leben zur Hölle zu machen. Trump hingegen steht in der Pflicht, seine Versprechen gegenüber seinen Wählern einzulösen.

Doch die „linken" US-Fernsehsender ABC, NBC, CNN, MSNBC und wie sie alle heißen schlafen nicht, genauso wenig wie die *New York Times* oder die *Washington Post* – Blätter, die wie viele andere Publikationsorgane ebenfalls den Demokraten zuneigen. FOX ist der einzige Fernsehkanal in den USA, der Trumps Position vertritt, jedenfalls zu rund 50 Prozent. Die Medienwelt insgesamt aber ist gegen Trump. Und so werden von der Gegenseite genüsslich die verschiedensten News und Fake News aufgekocht.

Trump wird gehetzt wie ein Tier. Er wird verdächtigt, mit den Russen kollaboriert zu haben, um Hillary propagandistisch ins Abseits zu rücken. Eine Untersuchungskommission wird eingesetzt, die ihm das Leben schwermacht. Seine engsten Mitstreiter fallen in die Hände des FBI und werden gnadenlos untersucht. Ein paar müssen das Weiße Haus verlassen, sie werden unterschiedlicher Vergehen überführt und wechseln die Seiten. Das heißt, sie laufen zum „Feind" über, als sie von der Untersuchungskommission geködert oder bedroht werden: Es ist Usus, dass eine Person zum Beispiel mit einer geringeren Gefängnisstrafe davonkommt, wenn sie mit dem FBI kooperiert und auspackt. Natürlich geht es nur darum, Trump etwas ans Zeug zu flicken und ihm vielleicht durch die Aussagen seiner Mitstreiter Verfehlungen nachweisen zu können. In Wahrheit will man ihm das Präsidentenamt entziehen, ihn vom Thron stoßen.

Donald Trump setzt sich mit allen Mitteln zur Wehr. Unaufhörlich schleudert er den Nachrichtenleuten den Ausdruck „Fake News" ins Gesicht, um sich gegen die Übermacht der Medien zu wehren. Er bezeichnet die Presse als „verlogen" und „korrupt". Er legt sich mit einzelnen Journalisten direkt an, die besonders bösartig und hämisch über ihn berichten. Er pflegt persönliche Feindschaften.

Rund 80 Prozent aller Medien berichten negativ über ihn.

In Wahrheit hat Trump sich selbst der Fake News schuldig gemacht. Schon seine frühere Behauptung, Obama sei kein waschechter Amerikaner und in Afrika geboren, entpuppte sich als Lüge. Aber Trump wird auch zu Unrecht der Fake News angeklagt. Es herrscht Krieg.

Per Twitter schlägt Donald Trump auf jeden ein, der ihm feindlich gesinnt ist. Auch er lügt oder übertreibt. So behauptet er zum Beispiel, in verschiedenen Staaten der USA hätten Wahlmanipulationen stattgefunden. Fake News.

Er bestreitet, dass er früher eine Affäre mit einer Pornodarstellerin namens Stormy Daniels hatte, während alle Indizien dafür sprechen. Stormy Daniels und ihr Anwalt ziehen freudvoll über Trump her, sie sind in fast allen US-Fernsehkanälen gern gesehene Gäste. Privat erhält Stormy Daniels aufgrund ihrer steigenden Berühmtheit lukrative Striptease-Aufträge, mit Vergütungen von bis zu 80.000 Dollar pro Abend.

Wieder und wieder mobilisiert die „Linke" ihre Anhänger und ruft zu Demonstrationen auf. Einige besonders eifrige Feinde fordern, man müsse einen Anschlag auf den Präsidenten verüben. Das FBI ist sofort zur Stelle und untersucht die Aufrufe zum Präsidentenmord, sie sind strafbar.

Trump schlägt zurück. Mit seinen typisch kurzen, markanten und vernichtenden Ausdrücken, mit klaren, einfachen und hochemotionalen Sätzen wehrt er sich per Twitter. Er beschimpft und beleidigt innerhalb von nur zwei Jahren über 300 Personen, Orte und Gegenstände.[1]

Die Medien zahlen es ihm mit gleicher Münze heim. Erneut wird auf beiden Seiten gelogen und die Wahrheit verdreht, dass sich die Balken biegen.

Websites, die „beweisen", dass Trump ständig die Fakten verdreht, schießen aus dem Boden. Doch natürlich sind sie von den Demokraten gesponsert und nicht neutral. Die *Washington Post* und die *New York Times* stellen sich an die Spitze der Gegenbewegung, zusammen mit dem Fernsehsender CNN, den die Republikaner als *Clinton News Network* diskreditieren, obwohl CNN einfach *Cable News Network* bedeutet. Die gefährlichste Riege der Reporter bei CNN schlägt ununterbrochen auf Trump ein, so Wolf Blitzer, Jake Tapper oder Chris Cuomo. Da der Sender jede Objektivität missen lässt, rutscht er auf Platz 2 aller US-Nachrichtensender und überlässt dem FOX News Channel den ersten Platz. Hier lobt man Trump mindestens zur Hälfte über den grünen Klee.

Die Pro-Trump-Journalisten, wie Sean Hannity, Jesse Waters oder Laura Ingraham, bezichtigen die Anti-Trump-Journalisten der Fake News. Und umgekehrt.

Man verunglimpft sich wechselseitig und empört sich. Was ist hier wahr und was nicht?

Die Sozialwissenschaftlerin Bella DePaulo befindet, „Trump lüge nicht nur häufiger als jeder anderer Untersuchte, sondern das Verhältnis seiner Lügen, um selbst besser dazustehen …, [das] üblicherweise bei 2:1 liege, [liege] bei Trump bei über 6:1. Zudem sei der Anteil seiner Lügen, der andere verletze, mit 50 Prozent ungewöhnlich hoch, üblich [seien] 1 bis 2 Prozent.[2]

Es stellt sich heraus, dass die Wissenschaftlerin der *Washington Post* nahesteht, die ein erklärter Feind Trumps ist.

Sofort widersprechen „rechte" Experten und weisen auf das Trommelfeuer der „linken" Medien hin, die zu 80 Prozent aufseiten der Demokraten stünden. Das Verhältnis der Lügen zur Wahrheit betrage damit auf der Gegenseite 4:1 – zu Ungunsten des Präsidenten.

Die Pressekonferenzen im Weißen Haus geraten zu einer Farce. Die Mehrzahl der Journalisten möchte Trump einfach nur in die Pfanne hauen. Sie stellen fast ausnahmslos raffinierte, manchmal verletzende Trickfragen – Fallgruben, in die der Pressesprecher stürzen soll. Erst jetzt wird Trump richtig dafür abgestraft, dass er die Wahl gewonnen hat. Der Krieg ist noch lange nicht zu Ende …

Und so könnten wir uns viele Seiten lang durch das Dickicht der wechselseitigen Vorwürfe schlagen und uns amüsieren oder aufregen, je nachdem in welcher Stimmung wir uns befinden. Es ist jedoch klüger, sich auf einige Einsichten zu konzentrieren.

ERKENNTNISSE

So viel steht fest:

Fake News gab und gibt es auf beiden Seiten, aufseiten der Demokraten und der Republikaner, auf der „linken" und auf der „rechten" Seite.

Sie halten sich in etwa die Waage.

Bemerkenswert ist dabei der Umstand, dass einige fanatisierte Journalisten sie in besonderem Ausmaß verbreiten.

Wahr ist außerdem:

Immer wenn zwei Parteien, die um die Macht kämpfen, heftig aufeinanderprallen, werden Fake News geboren. Je erbitterter der Kampf geführt wird, umso häufiger und größer sind die Lügen.

Heutzutage ist das besonders im politischen Raum der Fall.

Das heißt:

Nachrichtensendungen kann man wenig oder überhaupt nicht trauen, denn sie stehen fast immer auf der „linken" oder der „rechten" Seite, sie dienen einer der großen Parteien. Sie sind von Haus aus nicht neutral.

Insider wissen, dass über die Besetzung von Top-Journalistenposten innerhalb der wichtigsten Medien von Politikern „rechter" oder „linker" Provenienz verfügt und entschieden wird. Sie bestimmen. Natürlich geben diese Politiker jeweils denjenigen den Vorzug, die auf ihrer Seite stehen. Sowohl die „linken" als auch die „rechten" Top-Journalisten und Chefredakteure verteidigen in der Folge nicht die Wahrheit, sondern dienen ihrer Partei, der sie ihren Aufstieg verdanken.

Generell ist über Nachrichten Folgendes festzuhalten:

Schon die Nachrichtenauswahl stellt eine Manipulation dar. Generell wird vor allem schlechten Nachrichten der Vorzug gegeben.

Es ist nicht einzusehen, warum ein Eisenbahnunglück im fernen Japan wichtiger sein sollte als (zum Beispiel) eine neue Erfindung in Deutschland, die das Leben zahlreicher Menschen erleichtert. Den Medien wurde deshalb vorgeworfen, eine „Katastrophenindustrie" zu sein, wie das der renommierte Professor Heinz Haber ausdrückte.[3]

Gute Nachrichten hingegen werden selten oder nur am Rande verbreitet.

Zu viele Medien und Journalisten leben vom Chaos, von Blutpfützen, von Sexskandalen, ja von Skandalen überhaupt. Mit welcher Berechtigung?

Zahlreiche Nachrichten werden so aufbereitet, dass sich notgedrungen eine Kontroverse entspinnt. Und diese Art der Berichterstattung ist an sich alles andere als neutral oder objektiv.

Was fehlt, sind konstruktive Nachrichten und Sachverhalte, eben Good News, die klar und unmissverständlich dargestellt werden und nicht automatisch zu einer Auseinandersetzung führen.

Ein großer Teil der Medien beschäftigt sich mit Schmutz und fördert den Krieg und den Hass zwischen zwei Parteien. Und das bedeutet: Wir leben heute in einer Gesellschaft, die zweipolig denkt und handelt. Besonders in der Politik ist das der Fall. Die beiden Pole werden mit den recht dürftigen Ausdrücken „rechts" und „links" belegt und beschrieben.

Doch die Art, in einem solchen Rechts-Links-Schema zu denken, ist verrückt, ja vorsintflutlich. Sie suggeriert, dass es nur zwei Pole gebe, wobei es doch hundert verschiedene Ansichten geben mag.

So werden wir intellektuell dazu erzogen, nur Plus und Minus zuzulassen. Wir verzichten auf feine Abstufungen und verlernen, *out of the box* zu denken. Uns wird eine Meinung vorgekaut, die sich „rechts" oder „links" befinden muss. Wir verzichten darauf, unseren eigenen Verstand zu gebrauchen.

Dazu hecheln wir wie gesagt ständig Bad News hinterher, als ob es keine besseren, vernünftigeren Themen gäbe.

DIE KONSEQUENZ

Wenn wir in Zukunft Nachrichtensendungen schauen oder entsprechende Politmagazine lesen, sollten wir nicht zwanghaft der „rechten" oder „linken" Seite zuneigen – diese Sichtweise wird uns polarisieren.

Wir sollten realisieren, dass die „Medienrealität" mit ihren Bad News keineswegs die wahre Realität widerspiegelt. Die Medienrealität ist eine künstlich aufgepfropfte, falsche Realität, die für gewöhnlich nichts mit der Wirklichkeit zu tun hat.

Deshalb ist es ratsam, alle Medien mit innerer Distanz zu betrachten und wenn möglich öfter auf ihren Konsum und die zweifelhafte Berichterstattung dort zu verzichten.

Noch einmal: Die Berichterstattung in den Medien manipuliert allein schon durch ihre Form (= die zwanghafte Kontroverse) und die (völlig subjektive) Auswahl der Themen, weiter durch ihre negative Tendenz. Drei Manipulationsmethoden!

Belassen wir es bei diesen dürren Anmerkungen. Und betrachten wir noch einmal die Medienwelt insgesamt, die uns mit so großen Mengen Fake News überschüttet.

11. MEDIEN UND
FAKE NEWS

Zum Thema „Fake News" gehört natürlich auch die Frage, *wer* die Medien kontrolliert. *Wer* beeinflusst die öffentliche Meinung, sodass wir stets nur mit den Antworten abgespeist werden, die bereits vorgegeben wurden?

Anbei ein kurzer, wenn auch unvollständiger Abriss zu dieser brisanten Frage, über die man etliche Doktorarbeiten schreiben könnte.

NEWS IN
TOTALITÄREN STAATEN

Die Nachrichten in totalitären Staaten werden komplett von staatlicher Seite gelenkt. Im Iran, in Kuba, Nord-Korea, Syrien und China beispielsweise fehlen generell kritische Stimmen in Bezug auf das eigene Regime. Alles wird hundertprozentig kontrolliert, selbst das Internet und sogar E-Mails – falls sie denn überhaupt zugelassen sind.

Dazu werden systematisch Feindbilder aufgebaut, die meist gegen die westlichen Demokratien und die „bösartige USA" gerichtet sind.

Auch Russland hat keine freie Presse. Putin gelang es in der Vergangenheit, die Kontrolle über die russischen Medien komplett an sich zu reißen, besonders die Fernsehstationen waren ihm wichtig. Innerhalb Russlands führt Putin die Presse stramm am Gängelband, mithilfe des FSB, der Nachfolgeorganisation des KGB. Er ließ nachweislich Journalisten ermorden, die versuchten, ihm am Zeug zu flicken.[1]

Die positiven Nachrichten über Putin in Deutschland beispielsweise gehen darauf zurück, dass auch im Westen die Geheimdienstler/Propagandisten des russischen Staatschefs schon längst gute Beziehungen, Presseverbindungen und Freunde haben. Systematisch und in unglaublichem Umfang nahm der russische Geheimdienst/Nachrichtendienst inzwischen auch andere freie, demokratische Staaten samt ihrer Medien ins Visier und eröffnete eigene Einflussbereiche, auch über das Internet.

Über die „Blutsbrüderschaft" eines ehemaligen deutschen Bundeskanzlers mit dem russischen Staatschef braucht man kein weiteres Wort zu verlieren. Internet-Aktivitäten, zu denen auch Putin-freundliche Blogs zählen, die natürlich unter anderen (deutschen) Namen laufen, also unter falscher Flagge segeln, gehören zum Standard-Betrugs-Szenario der russischen Nachrichtendienste.

Putin ist ein Genie in Sachen Desinformationstechniken. Dazu wird auch gerechnet, die öffentliche Meinung in anderen Staaten zu seinen Gunsten zu beeinflussen.

Kurz gesagt verbreiten heute zwei Länder weltweit in enormem Umfang Desinformationen, Lügen und Fake News: Russland und China.

Die Desinformationsabteilungen stellen in beiden Ländern einen Teil der Agenten-Organisationen dar. Viele Fake News lassen sich blitzschnell entlarven, wenn man das weiß.

Sobald also Russland oder China, Putin oder Xi Jinping – der chinesische Generalsekretär der Kommunistischen Partei, der in Personalunion Vorsitzender der Zentralen Militärkommission ist und mittlerweile sogar auf Lebenszeit (!) chinesischer Staatspräsident – besonders schöngezeichnet werden, kann man fast blind davon ausgehen, dass hier Fake

News und Geheimdienste am Werk sind, genauer gesagt deren Propaganda-Abteilungen.

Umgekehrt gilt: Sobald (öffentlich bekennende) Putin-Feinde oder Xi-Jinping-Gegner in der Öffentlichkeit die Wahrheit über Russland oder China verbreiten und diese daraufhin in der Presse zerrissen werden, darf man vermuten, dass auch hier Geheimdienstler/Desinformationsagenten am Werk sind.

Auf den ersten Blick ist es nicht leicht, die Wahrheit herauszufinden. Auf den zweiten Blick lassen sich jedoch folgende Tatsachen durch keine „Information" wegreden:

Putin ermordete nachweislich zahlreiche Gegner in Russland, er brach Kriege vom Zaun oder mischte sich in sie ein (in der Ukraine, in Tschetschenien und in Syrien), er unterstützte militärisch den Massenmörder Assad, der für über 0,5 Millionen Tote im eigenen Land sowie für Millionen Vertriebene verantwortlich zeichnet.

Wladimir Putin ist ein Massenmörder und Unterdrücker in Reinkultur.

Allerdings versteht es Putin wie kein zweiter, den Menschen Sand in die Augen zu streuen, auch in Deutschland. Doch die harten Fakten, an denen es nichts zu rütteln gibt, sprechen ihre eigene Sprache.

Präsident Xi Jinping wiederum verteidigt die meisten außenpolitischen Positionen Putins, der ihm dafür einen russischen Orden verlieh.

Nach wie vor haben wir folgende Gegebenheiten in China: Die Kommunistische Partei (KP) dominiert strikt die Politik, das Militär, die Polizei, die Justiz und die Wirtschaft. Sie regiert mit eiserner Faust. Es handelt sich um eine lupenreine Diktatur. Selbst in allen wichtigen Wirtschaftsunternehmen herrscht die KP. Regelmäßig werden riesige Kampagnen geführt, um das Volk ideologisch zu indoktrinieren und abweichende Meinungen zu bekämpfen. Massenpropaganda rieselt täglich auf die Chinesen nieder. Nur parteigelenkte, selektive „Informationen" erblicken das Licht der Welt. Die KP kontrolliert alle chinesischen Medien.

Wahrheit ist also auch von dort nicht zu erwarten. Wenn auf die unge-wöhnlichen wirtschaftlichen Erfolge Chinas verwiesen wird, verschweigt man zugleich, *wer* davon profitiert – eine kleine Clique hartgesottener Kommunisten.

Wenn man zwischen totalitären Staaten und freiheitlichen Regie-rungssystemen unterscheidet, kommt man in Windeseile zahlreichen Fake News auf die Spur.

Auch Putins Kleptokratie, also die „Herrschaft der Diebe", die so ge-nannt wurde, weil Putin in Russland wie eine Elster stahl und dort ein Vermögen zusammenraffte, ist zumindest ein (halb-)totalitäres Regie-rungssystem.

In solchen Staaten bleibt die Wahrheit immer auf der Strecke.

Dort wird nicht nur die eigene Bevölkerung mit Fake News bombar-diert, sondern die Nachrichtendienste sorgen auch in den westlichen Staa-ten für Fake News am laufenden Band.

DIE NEWS DER GEHEIMDIENSTE

Wir wissen bereits, dass Geheimdienste eine entscheidende Rolle bei In-formationen und News spielen.

Weltweit bekriegen sich die 17 US-amerikanischen Geheimdienste – im Verbund mit befreundeten Geheimdiensten in Großbritannien, Frankreich, Deutschland, Israel und so fort – mit den Geheimdiensten der Gegenseite, wozu in erster Linie Russland und China, aber auch Kuba und Nordkorea zählen. Sowohl auf militärischem Gebiet als auch auf dem Feld der Information findet ein Machtkampf ohnegleichen statt. Man könnte von zwei Blöcken sprechen.

Auf beiden Seiten werden kontinuierlich Fake News produziert. Auch in der freien Welt – also den USA, Europa und Australien –, denen wir persönlich zuneigen, werden Informationen „frisiert". Immerhin lässt die freie Welt auch Gegenmeinungen zu – was bei Russland, China und anderen Diktaturen nicht der Fall ist.

Fest steht jedoch:

Geheimdienste sorgen ununterbrochen für Fake News.

Der Kampf findet weitgehend unter der Decke statt. Weiß man zumindest ansatzweise über die Arbeitsweise und Existenz der mächtigen Geheimdienste Bescheid, kommt man vielen Fake News leichter auf die Spur.

MACHT-KONSTELLATIONEN

Von den wahren Machtverhältnisse innerhalb der Medien erfährt die Öffentlichkeit nach wie vor selten. Viele Details sind unbekannt. Auf dem internationalen Medienmarkt sorgten die Aktivitäten der Giganten Robert Maxwell (Großbritannien), Rupert Murdoch (Australien) und Silvio Berlusconi (Italien) für Wirbel. Maxwell gehören Druckereien in den USA und in Großbritannien sowie zahlreiche andere Zeitungs- und Buchverlage. In England ist der *Daily Mirror* besonders wichtig.

Murdoch ist Eigentümer der Londoner *Times*, der *New York Post* und vieler andere Zeitungen sowie verschiedener Fernseh- und Hörfunkanstalten in den USA, in Großbritannien, in Australien und Fernost.

Als weltgrößter Medienkonzern gilt die Bertelsmann AG (Gütersloh), zu der Buch- und Zeitschriftenverlage und Druckereien gehören; die Bertelsmann AG ist in nahezu allen Medienbereichen präsent.

Obwohl auch diese Zusammenballung von Macht alles andere als demokratisch und wünschenswert ist, lassen sich zumindest zwei Pole ausmachen – „rechts" und „links". Wir haben davon bereits berichtet.

Sowohl auf der „rechten" als auch auf der „linken" Seite gibt es Medien-Imperien.

Immerhin gibt es zwei unterschiedliche Kräfte, die beide hart daran arbeiten, dass sich die Macht nicht in einer Faust zusammenballen kann.

DIE SITUATION
IN DEUTSCHLAND

Dennoch müssen wir unseren scheinbar so objektiven Medien misstrauen. Die Macht in der öffentlichen Arena ist festgeklopft, Meinungen außerhalb der etablierten Publikationsorgane in großem Stil zu verändern fast unmöglich. Die Presse verteidigt entweder zwanghaft „linke" oder „rechte" Positionen, es gibt wenige Ausnahmen. Zu versuchen, sich ein neutrales Bild über das Weltgeschehen oder auch nur die Ereignisse in Deutschland zu machen, kann mithilfe der etablierten Medien kaum mehr gelingen. Oberflächlich werden uns Informationen serviert, die sanft daherkommen, meist völlig nebensächlich sind oder gezielt ablenken sollen. Nicht umsonst hat die Bevölkerung deshalb keinen besonders großen Respekt gegenüber vielen Medien und Journalisten.

Betrachten wir die Medienkonstellation in Deutschland detaillierter. Wie sieht hier der Informationsmarkt aus?

Grundsätzlich muss man zwischen Zeitschriften und Zeitungsmärkten einerseits, und Radio- und Fernsehanstalten andererseits unterscheiden, obwohl es viele Überschneidungen gibt. Vier Konzerne teilen sich beispielsweise nahezu die Hälfte des gesamten Zeitschriftenmarktes:

1. Zum Bauer-Imperium (= Bauer Media Group oder Heinrich Bauer Verlag KG, Sitz Hamburg) zählen zahlreiche Mode- und Frauenzeitschriften sowie TV-Programm- und Jugendzeitschriften, wie *Auf einen Blick, Fernsehwoche, Bravo, Alles für die Frau, Auto-Zeitung, Cosmopolitan und TV-Hören und Sehen.*

Bauer besitzt aber auch in Neuseeland zahlreiche Zeitschriften, wie *Metro* oder *Woman's Day*, und ist in Großbritannien, auf dem US-amerikanischen Markt, in Osteuropa und Australien vertreten. Insgesamt publiziert Bauer laut eigener Aussage 600 Zeitschriften in 16 Ländern und ist an 24 Hörfunksendern beteiligt.[2]

2. Zu Burda (= Hubert Burda Media) gehören unter anderem: *Freizeit-Revue*, *Bunte*, *Burda-Mode*, *Super-Illu* und *Focus*; dazu auch Hörfunk- und TV-Sender, ausländische Tochtergesellschaften, Online-Dienste (wie Xing) und Websites. Insgesamt gibt es 262 Gesellschaften.

Die Kommission zur Ermittlung der Konzentration im Medienbereich (KEK) weiß allein in Deutschland von über 200 Mehrheits- oder Minderheitsbeteiligungen.[3] In Deutschland gibt es über 600 Medienprodukte.

3. Die Axel Springer SE besteht unter anderem aus *Bild* und *DieWelt*, *BildamSonntag*, *WeltamSonntag*, *BildderFrau*, *Auto-Bild*, *Sport-Bild*, *B.Z.-Berlin* und dem *Tennismagazin*.

Dazu gibt es Tochterfirmen und Beteiligungen in Spanien, Frankreich, in der Schweiz, Polen, Tschechien, Ungarn und Russland und allein 70 Online-Angebote.

4. Bertelsmann (Bertelsmann SE & Co. KGaA) macht Meinung über *Stern*, *Brigitte*, *Frau im Spiegel*, *Eltern*, *Capital*, *Geo und Die Zeit*.

Die Bertelsmänner sind auch in der Dienstleistungsbranche und im Bildungsbereich tätig sowie im Buchgeschäft, im TV und Radio und in der Musikproduktion. Die RTL Group zählt zu Bertelsmann sowie Penguin Random House, Gruner + Jahr (G+J), Arvato und die Bertelsmann Printing Group.

Zeitweise war Bertelsmann das größte Medienhaus der Welt.

Bertelsmann ist auch in den USA, in Mittel- und Osteuropa, in anderen europäischen Ländern, in China, Indien und Brasilien, kurz in über 350 Standorten aktiv – und im Internet. Allein zu Penguin Random House gehören rund 250 Verlage auf fünf Kontinenten. G+J glänzt als Zeitschriftenverlag.

Fast die Hälfte des deutschen Marktes ist von diesen vier Konzernen „besetzt".

Im Zeitungsmarkt steht die Axel Springer SE an der Spitze (*Bild-Zeitung, Die Welt*) beherrscht rund 27 Prozent des Marktes, gefolgt von der Zeitungsgruppe Funke Mediengruppe (*Westdeutsche Allgemeine Zeitung [WAZ]*, Essen, *Westfälische Rundschau, Westfalenpost*, Hagen, und so fort*).

Die Funke Mediengruppe ist an Zeitungen, Anzeigenblättern und Zeitschriften in neun europäischen Ländern beteiligt. Sie publiziert über 500 Titel. Sie hat weitere Standbeine im Rundfunk- und Internetgeschäft und Printbeteiligungen in Ungarn, Bulgarien, Kroatien, Rumänien, Serbien, Montenegro, Mazedonien, Österreich und Russland.[4]

LEITMEDIEN

Als sogenannte Leitmedien innerhalb der Magazine und Zeitungen gelten *Der Spiegel, Die Frankfurter Allgemeine Zeitung, Die Zeit, Die Süddeutsche Zeitung* und *Bild*.

Das Ranking verändert sich jedes Jahr.

All diese Leitmedien haben eine enorme Medienmacht. Deutschlandweit hat die *Bild* eine Monopolstellung als alleinige bundesweite Boulevardzeitung inne. Einzig in wenigen größeren Städten wie München, Köln, Hamburg oder Berlin gibt es örtliche Boulevardmedien, die man mit viel Wohlwollen als Konkurrenz für die *Bild* bezeichnen könnte. In Köln (*Express*), Hamburg (*Morgenpost*) und Berlin (*Berliner Kurier*) erscheinen die Boulevardzeitungen in der DuMont Mediengruppe.

DAS FERNSEHEN

Grundsätzlich gibt es in Deutschland die privat-organisierten Verlage, die die Tageszeitungen, Wochenzeitungen und Magazine herausbringen, und die öffentlich-rechtlichen Fernsehanstalten. Längst haben sich allerdings auch private Fernsehanstalten auf dem Markt etabliert, wie etwa Bloomberg Deutschland, CNN, Comedy Central, Das Vierte, Disney Channel, Eurosport, Fashion TV, MTV, N-TV, Pro Sieben, Pro Sieben Sat.1, RTL mit verschiedenen Sendern und Redaktionen, VOX und so fort.

Zu den öffentlich-rechtlichen Fernsehanstalten zählen alle Anstalten der ARD sowie das ZDF. ARD und ZDF finanzieren sich aus Werbung und aus den Fernseh- beziehungsweise Rundfunkgebühren, die jeweils von den Länderparlamenten verabschiedet und in regelmäßigen Abständen angehoben werden. Das bedeutet im Klartext: Diese Anstalten unterliegen kaum einer Konkurrenz. Der einzige Maßstab, der gelegentlich angelegt wird, sind die sogenannten Ratings, die die prozentuale Zuschauerbeteiligung widerspiegeln.

Die öffentlich-rechtlichen Anstalten in Deutschland sind weitgehend politisch kontrolliert. An der Spitze des ZDF etwa, der immer noch größten europäischen Fernsehanstalt, stehen in der Regel konservative Manager, im mittleren Management findet man dagegen üblicherweise sozial- bis linksliberale Redakteure. Und da das Top-Management allein das Programm nicht gestalten kann, hat man es häufig mit „linksorientierten" Fernsehjournalisten zu tun hat. Insider behaupten, in allen deutschen TV-Anstalten betrage das Verhältnis „links" zu „rechts" im Durchschnitt 70:30, zugunsten der „Linken".

NOCH EINMAL:
DIE MEDIENKONZENTRATION

Allein aus diesen dürren Bemerkungen erkennt man, dass es Medienkonzentrationen sowohl im verlegerischen als auch im journalistischen Bereich durchaus gibt.

Hand in Hand gehen damit in bestimmten Regionen manchmal Anzeigenmonopole, wie Kritiker wie Manfred Knoche monieren.[5]

Im regionalen Zeitungsmarkt entwickelten sich immer schon Gebietsmonopole. In über 60 Prozent der deutschen (Land-)Kreise und Städte erscheint lediglich eine Regionalzeitung. Manchmal befinden sich mehrere Regionalzeitungen unter einem gemeinsamen Dach – als getarntes Monopol, so zum Beispiel in Bremen (*Weser-Kurier/Bremer Nachrichten*), Stuttgart (*Stuttgarter Zeitung/Stuttgarter Nachrichten*) und im Ruhrgebiet (Funke Mediengruppe).

Ein echter Wettbewerb zwischen konkurrierenden Anbietern besteht nur noch in wenigen größeren Städten (z. B. in Berlin, München, Frankfurt) und in einigen Regionen, unter anderem in Süddeutschland.[6]

Kommunikationswissenschaftler hatten noch vor einigen Jahren die hochgesteckte Erwartung, dass das Internet für eine echte Medienvielfalt sorgen würde. Die Studie des Dortmunder Formatt-Instituts von Horst Röper aus dem Jahr 2018 beobachtete jedoch eine neue Welle der Pressekonzentration in Deutschland.

DIE SITUATION
IN ANDEREN LÄNDERN

ITALIEN

Nimmt man andere Länder aufs Korn, so begegnet man ähnlichen Szenarien. Geradezu sprichwörtlich wurde der „Fall Berlusconi", der systematisch einen TV-Sender nach dem anderen kaufte, was ihm schließlich das Amt des Ministerpräsidenten einbrachte – mehr als einmal.

Silvio Berlusconi führte seine unternehmerischen Aktivitäten in der Holding *Fininvest SpA* zusammen. Die Fininvest mit Sitz in Rom und Mailand verfügt über bedeutende Aktienbeteiligungen an den führenden Medienunternehmen Italiens, zu denen auch private Fernsehsender gehören.

Berlusconi selbst hält noch immer die Aktienmehrheit von zwei der einflussreichsten italienischen Verlagshäusern, *Mondadori* und *Einaudi*, dazu noch von einigen vergleichsweise kleinen Verlagen, wie Sperling&Kupfer, *Edizioni Frassinelli, Electa Napoli, Riccardo Ricciardi editore* und *editrice Poseidona*. Auch die Kinokette *Medusa Cinema* wird von ihm kontrolliert.[7]

USA

Die Medienlandschaft in den USA gibt ebenfalls zu denken.

Im Fernsehbereich unterhalten die drei altgedienten Riesen ABC, NBC und CBS 80 Prozent der Zuschauer. Daneben finden sich 50 bis 60 Kabelgesellschaften mit unterschiedlichem Zuschaueranteil.

CNN und MSNBC, also TV-Giganten, die stramm „links" stehen, bringen rund um die Uhr Nachrichten und spielen so die vielleicht wichtigste

Rolle bei der öffentlichen politischen Meinungsbildung – inzwischen zusammen mit FOX, der unverblümt die „Rechte" vertritt.

Von den nationalen TV-Networks muss man die zahlreichen lokalen TV-Stationen grundsätzlich unterscheiden, die zwar oft mit den national operierenden TV-Giganten verbunden sind, aber ihre eigenen Lokalmatadore besitzen. Im Allgemeinen haben sie wenig Einfluss.

In den USA gibt es buchstäblich Hunderte Radiostationen. Einige wenige finden sich in allen Bundesstaaten, meist existieren nur kleine, lokale Radiosender.

Auf dem Zeitungsmarkt haben die *New York Times*, das *Wall Street Journal*, *USA Today* und der *Christian Science Monitor* überragende Bedeutung. Zahllose kleine und kleinste Zeitungen ergänzen das Bild.

New York ist die unbestrittene Hauptstadt der Medienwelt. Insgesamt sind die USA in 225 Media-Markets unterteilt. Pressekonzentrationen gibt es auch in den USA. Bekannt ist die Hearst-Gruppe, die zahlreiche Zeitungen besitzt, sowie der New-York-Times-Clan, der ebenfalls viele Zeitungen sein eigen nennt.

Einer der bekanntesten Medienkritiker, Bruce Wiseman, stellte fest, dass die meisten Medien – Zeitschriften, Zeitungen, Fernseh- und Radiostationen – die Nachrichten heute so manipulieren, dass nur die Intentionen der beiden großen Parteien (Republikaner und Demokraten) weitergetragen werden.

OSTEUROPA

In vielen osteuropäischen Ländern nutzten nach dem Fall der UdSSR die Deutschen ihre Chance und kauften auf dem Medienmarkt alles, was nicht niet- und nagelfest war.

Medienmacht, Zwillingsschwester der politischen Macht, wurde vollständig neu definiert.

IRAK

Die USA etablierten nach dem Irak-Krieg dort als Erstes eine eigene Fernsehstation. Auch dies ist ein sichtbares Zeichen, dass der „Sieger" stets die öffentliche Meinung bestimmt.

Heute arbeiten irakische Journalisten in erster Linie für arabischsprachige Zeitungen, Radiostationen und Fernsehsender – für europäische Medien nur in Ausnahmefällen. Eine wirklich freie Presse gibt es auch heute noch nicht im Irak, denn die meisten Zeitungen gehören Parteien. „Kritiker der Gouverneure oder Minister landen immer wieder im Gefängnis, wie die *Zeit*-Redakteurin Hauke Friedrichs feststellte.[8]

GLOBAL TRENDS

Davon abgesehen zeichneten sich speziell in den letzten Jahren neue Trends ab. Finanzstarke Unternehmen engagierten sich im Medienwesen, und Computerriesen gingen abenteuerliche Geschäftsbeziehungen mit TV-Riesen ein. Ganze Aktienpakete wechselten den Besitzer, Firmen wurden aufgelöst, verschachert und/oder formierten sich neu.

Das Internet definierte völlig neue Trends, das Handy ebenfalls. Eine Medien-Revolution ist in vollem Gange, doch die alten Seilschaften blieben weitgehend erhalten, genau wie die alten Besitzverhältnisse.

Dass nur wenige Drahtzieher die Macht in den Händen behielten, *daran* änderte sich wenig. International gesehen haben die USA auch bei den Medien eine führende Rolle.

Wie schon an früherer Stelle ausgeführt, bestimmen hinter den Kulissen oft Geheimdienste die Inhalte. Wir persönlich halten die CIA und den Nachfolger des KGB für die wichtigsten Meinungsmacher der heutigen Zeit.

Die Medien-Macht ist zementiert, die öffentliche Meinung wird programmiert. Hinter den Kulissen ziehen oft Geheimdienste die Strippen, zusammen mit dem „ganz großen Geld".

Dass nach wie vor auch „das ganz große Geld" eine Rolle spielt, bewies unter anderem der zur Zeit reichste Mann der Welt, Amazon-Chef Jeff Bezos, der die renommierte US-Zeitung *Washington Post* einfach aufkaufte als sie in Schwierigkeiten steckte und sie nach seinen Vorstellungen umkrempelte. Der Demokrat Bezos gilt als erklärter Gegner des Republikaners Trump.

Im Übrigen ist es um die „Freiheit" von Journalisten gewöhnlich elend bestellt. Für einen Journalisten bedeutet es höchste Reputation, wenn er Spitzenpolitikern interviewen darf. Da diese darüber entscheiden, wer wo eine neue oder alte Power-Position im Journalismus bekommt, befinden sich Journalisten gleich zweimal in der Defensive.

Soweit einige offene Worte zu diesem Thema.

Betrachten wir nun interessehalber ein Magazin und eine Zeitung in Deutschland noch etwas genauer, um zwischen Fake News und harten, ehrlichen Nachrichten noch besser unterscheiden zu lernen.

DER SPIEGEL IM SPIEGEL

Will man Politik in Deutschland verfolgen und nachvollziehen, kommt man am *Spiegel* nicht vorbei, wenn er auch parteiisch und manchmal furchtbar selbstgerecht in seinem Urteil ist. Viele Beiträge aus und über das Ausland sowie meist die Artikel über Wissenschaft und Technik sind jedoch hochqualifiziert.

Geht es darum, selbst hochgestellten Persönlichkeiten gnadenlos auf die Finger zu klopfen, steht *Der Spiegel* an vorderster Front, seine Redakteure sind weder Stiefellecker noch duckmäuserisch.

Wenn die Sünden der pharmazeutischen Industrie offengelegt oder gewissenlose Finanzhaie angegriffen werden, dann ist das begrüßenswert.

Spiegel-Redakteure sehen sich selbst als die Krönung des sogenannten investigativen Journalismus. Das Lateinische *investigare* bedeutet „aufspüren". Positiv besetzt, meint es sorgfältigste Recherchen, und negativ gesehen, dass manchmal sogar mit Geheimdienst-Techniken und unlauteren Methoden gearbeitet wird, um Negatives über eine bekannte Persönlichkeit ans Licht zu bringen. Werden Fakten enthüllt, die die Demokratie oder Menschenrechte gefährden, ist der investigative Journalismus begrüßenswert, degeneriert er hingegen zum Enthüllungsjournalismus, der bloß Skandalen von Prominenten nachhechelt, handelt es sich um eine verachtenswerte Form des Journalismus.

DIE NACHTEILE DES SPIEGELS

Der größte Nachteil des *Spiegels* besteht darin, dass er mitunter Persönlichkeiten demontiert und ihren Ruf zerstört. Ohne gründliche Recherche arbeitet er sich bisweilen das Leben von Individuen oder Gruppen ab, die nicht in das *Spiegel*-Weltbild passen, obwohl sie eigentlich einen positiven Beitrag zur Gesellschaft leisten.

Der Spiegel demontierte beispielsweise Franz Josef Strauß – der freilich seinerzeit den Gründer und Chefredakteur des *Spiegels* zu Unrecht hinter Gitter brachte –, drosch später pausenlos auf Helmut Kohl ein, der dem Magazin daraufhin kein Interview mehr gab, und hackte selbst auf Joschka Fischer herum, der „eigentlich" zur eigenen Clique zählte. Schröder wiederum war mit dem *Spiegel* regelrecht verheiratet. Dieser Kanzler telefonierte nach eigenem Bekunden jede Woche mit dem Chefredakteur des Magazins.[9]

Regelrecht blamabel war vor Kurzem die Entdeckung, dass einer seiner Reporter Geschichten komplett manipulierte oder sogar frei erfand, also fälschte.

Generell besteht der Nachteil des *Spiegels* darin, ein Sprachrohr der „Linken" zu sein. Neutralität sucht man dort vergebens.

Der Fairness halber muss man hinzufügen, dass man denselben Vorwurf auch einigen „rechten" Publikationsorganen machen kann.

DIE VOR- UND NACHTEILE DER BILDZEITUNG

Zahlreiche Autoren versuchten sich bereits an dem Unterfangen, die Bild-Zeitung zu demontieren. Schaut man sich die Bild-Zeitung an, dann wirkt sie auf den ersten Blick recht harmlos. Leichte Unterhaltung, Klatsch- und Skandalberichte herrschen vor.

Doch abseits der Oberflächlichkeit kommt eine Weltsicht zum Ausdruck, die man nicht unbedingt gutheißen kann, von Sensations-Nachrichten einmal ganz abgesehen. Teilweise prägen propagandaartige Polemiken und die Neigung zur Vereinfachung die „Berichterstattung". Wer in die Zielerfassung dieser psychologisch-redaktionellen „Vernichtungsmaschine" gerät, wie sie von Gegnern genannt wurde, überlebt das gesellschaftlich selten. Die Macher dieses Boulevardblattes sind wegen dieser Art der Berichterstattung häufig der Kritik ausgesetzt. Doch Kritik am Blatt, die es seit Anbeginn des Erstdrucks gibt, prallte bisher vom Springer-Verlag ab.[10]

Springer-Chef Matthias Döpfner brachte es 2006 zynisch auf den Punkt: „Für die Bild-Zeitung gilt das Prinzip: Wer mit ihr im Aufzug nach oben fährt, der fährt auch mit ihr im Aufzug nach unten."[11]

DIE „LINKE" UND
DIE „RECHTE" PRESSE

Noch einmal: Es lassen sich ohne Weiteres zahlreiche Vorwürfe gegen die „linke" und „rechte" Presse erheben. Grundsätzlich sieht das Spiel (bis heute) so aus: Wenn die „Linke" eine missliebige Person „abschießen" will, so wird ein Skandal, der diese Person betrifft, systematisch über einen längeren Zeitraum hochgekocht – und von einer Redaktion an die andere weitergereicht. Zuerst berichtet *Der Spiegel* über den Skandal, dann vielleicht der *Stern*, schließlich ein TV-Politmagazin aus Hamburg, dann eine Zeitung „linker" Provenienz und so fort. Man lässt das „Wild" nicht zur Ruhe kommen. Schließlich knickt die Person ein, kaum jemand kann einem systematischen Trommelfeuer über viele Monate standhalten.

Der Spiegel ist eine Art Vorreiter für derartige Demontagen. Er verfügt längst auch über entsprechende Internet-Websites sowie eine eigene Fernsehredaktion. Er folgt damit der Entwicklung der Medien insgesamt, die sich historisch gesehen folgendermaßen ausnahm:

- Ab dem 16. Jahrhundert bis zum 19. Jahrhundert herrschte erst das Buch, dann
- die Zeitung.
- Ab den 1930er Jahren geriet der Hörfunk zum Leitmedium.
- Ab den 1960er Jahren eroberte das Fernsehen die Gemüter.
- Seit der Wende zum 21. Jahrhundert geben das Fernsehen und das Internet den Ausschlag.

„Rechts" existieren ähnliche „Abschussrampen" wie auf der „linken" Seite.

Hier berichtet zunächst vielleicht *Die Welt* über einen Skandal, dann *Bild*, daraufhin eine politische ZDF-Redaktion und so weiter.

Wiederholen wir:

Das Rechts-Links-Schema lädt zu Fake News ein.

Aber *wie* wird eigentlich gelogen? Welcher Methoden bedienen sich sowohl Geheimdienste als auch fanatisierte „rechte" oder „linke" Redakteure, wenn sie lügen wollen, dass sich die Balken biegen?

Wir nähern uns dem „heißesten" Kapitel dieses Buches.

12. GEHEIM!
METHODEN DER SCHWARZEN
PROPAGANDA

Zunächst eine kleine Warnung. Das folgende Kapitel ist nichts für zartbesaitete Gemüter. Doch sofern wir wirklich das Phänomen der Fake News von Grund auf verstehen wollen, kommen wir nicht an den folgenden Anmerkungen vorbei.

Wir haben bereits in Kapitel 1 gelernt, wie hinterlistig und heimtückisch Fake News lanciert werden können: Erinnern wir noch einmal an die UdSSR, die die ehemalige Bundesrepublik Deutschland allein dadurch diskreditierte und zeitweise ihren guten Ruf zerstörte, indem sie auf angebliche Nazi-Schmierereien auf jüdischen Friedhöfen verwies – die von ihr selbst initiiert worden waren. Der KGB stand hinter dem Skandal.

Nur ein absolutes krankes, bösartiges Gehirn konnte einen solchen Streich aushecken.

Will man Fake News auf die Schliche kommen, muss man sich bemühen, genauso „krank" und „verrottet" zu denken beziehungsweise diese Art der Geisteshaltung in seiner ganzen Bösartigkeit nachzuvollziehen. Man muss in den Kopf des „Schwarzen Propagandisten" kriechen, um zu begreifen, wie er tickt. Nur dann verfügt man über geeignete „Waffen", um zurückzuschlagen, nur dann kann man die Wahrheit etablieren und aus einer entsprechenden Auseinandersetzung siegreich hervorgehen.

Stellen wir also zu diesem Thema einige weitere Beispiele vor, jedoch nicht nur aus dem politischen Raum.

EIN ERFUNDES BEISPIEL

Bernd Meier hasst Jürgen Müller wie die Pest – warum auch immer. Müller ist ihm ein Dorn im Auge. Möglicherweise ist Müller ein Mitbewerber, möglicherweise weiß er auch ein paar Dinge, die Meier nicht gerade angenehm sind. Was unternimmt Herr Meier also? Nun, er erstattet Strafanzeige gegen Jürgen Müller, entweder wegen Verführung Minderjähriger, wegen der Veruntreuung von Firmengeldern oder wegen Steuerhinterziehung – alles reine LÜGEN.

Unmittelbar nachdem diese Strafanzeige gestellt wurde, lanciert er, in welcher Form auch immer, in einer Zeitung die Tatsache, dass Strafanzeige gegen Jürgen Müller gestellt wurde und gegen ihn ein Verfahren wegen eines oder möglicherweise wegen mehrerer fragwürdiger Sachverhalte läuft.

Und schon haben wir Fake News.

Sie verstehen? Obwohl nichts bewiesen und nichts dokumentiert ist, wird diese bloße Aktion Jürgen Müller in ein schlechtes Licht rücken. Der PR-Schaden kann manchmal selbst durch ein für den Betroffenen günstiges Urteil nicht mehr aus der Welt geschafft werden. Denn vielleicht ist ja „doch was dran" an dem Gerücht …

WAHRE BEISPIELE

Stellen Sie sich vor, ein PR-Spezialist bekommt folgende Aufgabe: Er soll eine Dame finden, die an Eides statt erklärt, von einem bestimmten Herrn vergewaltigt worden zu sein. Dabei soll diese Dame direkt mit dem Opfer zusammenkommen, um dann eine verfängliche Situation zu simulieren. Ein ebenfalls „zufällig" anwesender Fotograf soll das Ganze im Bild festhalten. Vor allem wenn der Ruf des Opfers ohnehin schon zu wünschen übrig lässt, lässt sich der Leumund eines Mannes auf diese Weise endgültig ruinieren.[1]

Und weiter im Text: Ein Büchlein empfiehlt Schülerinnen im Falle von Lehrern, mit denen sie nicht gut zurechtkommen: „Schaut, dass ihr mit diesem Lehrer allein in einem Raum seid. Reißt euch dann die Bluse auf und rennt laut schreiend aus dem Klassenzimmer. Insbesondere bei Lehrern, deren Ruf nicht ganz ausgezeichnet ist, wird man euch sofort glauben, dass er euch in der Tat etwas antun wollte."[2]

Ein drittes Beispiel: Die Automobilfirma A lässt einen Strohmann einen Wagen bei der Automobilfirma B kaufen und baut dann in diesen Wagen Schäden ein: Der Käufer informiert nun einige Verbraucherschutzverbände über diese Schäden im Wagen. Verbraucherschutzverbände machen immer sehr viel Wirbel, weil sie davon leben, weil es ihr Brot und ihre Bestimmung ist, den Verbraucher zu schützen. Das Ergebnis: Die Verbraucherschutzverbände machen publik, dass die Automobilfirma B minderwertige Wagen herstellt. Auf diese Weise gelingt es der Automobilfirma A, die Automobilfirma B in Misskredit zu bringen.

Das letzte Beispiel lässt sich in beliebiger Form auf verschiedene Branchen übertragen und ist ein sich stets wiederholendes Grundmuster.[3]

Immer entstehen Fake News, die absolut zerstörerisch wirken.

DIE INFAME METHODE
DER ANDEUTUNG

Schwarze Propaganda muss nicht immer so spektakulär sein. Manchmal reicht es schon, wenn man in sogenannten Hintergrundgesprächen, die es in allen Branchen zwischen Journalisten und PR-Leuten gibt, nur eine kleine Andeutung fallen lässt.

Zum Beispiel: „Haben Sie schon gehört, XY hat ein Verhältnis mit YZ." Der Sachverhalt mag stimmen oder auch nicht. Der bekannte deutsche Fernsehmoderator Frank Elstner prophezeite Thomas Gottschalk beispielsweise, als er die Sendung *Wetten dass …?* als Moderator übernahm, dass es etwa ein Jahr dauern würde, bis man ihm sein erstes Verhältnis andichten würde. Nun, Frank Elstner sollte *nicht* recht behalten; es dauerte nur ein halbes Jahr …

Ein anderes Beispiel: „Na ja, der Peter Petersen scheint heftige Alkoholprobleme zu haben."

Oder: „Der Meier sieht in der letzten Zeit immer sehr blass aus. Wie er wohl seine Nächte verbringen mag?"

Oder will man jemanden diskreditieren, der seiner Frau treu ist und nicht fremdgeht, so wird die Bemerkung fallengelassen: „Naja, mit dem Müller ist auch nichts mehr los. Er scheint homosexuell geworden zu sein."

Sie verstehen? Sobald die Absicht besteht, eine Person in Verruf zu bringen, so ist dies immer möglich.

FAKE-NEWS-TECHNIKEN

Die Methoden der Schwarzen Propaganda, die in Fake News resultieren, machen manchen Politikern heutzutage das Leben zur Hölle. In den USA ist dies längst zu einer regelrechten Psychose ausgeartet. Tatsächlich werden Lebensläufe von Politikern, speziell wenn diese der Gegenseite gefährlich werden, bis ins Detail durchleuchtet, in dem Bemühen, irgendetwas Diskreditierendes zutage zu fördern. Doktorarbeiten werden gefilzt und auf jedes Komma hin untersucht, um den Träger des akademischen Titels der Lächerlichkeit preiszugeben. Das Sexualverhalten wird heimlich untersucht sowie das Verhältnis zu Geld (Ist der Kandidat überschuldet? Zahlt er seine Steuern nicht? Lebt er auf großem Fuß?). Darüber hinaus werden Dossiers angelegt, die im Einzelfall bis zu Interpol geleitet werden – von den „normalen" Presse-Redaktionen einmal ganz abgesehen.

Operiert wird hier vorzugsweise auf folgenden Gebieten:

- dubiose politische Vergangenheit,
- Homosexualität,
- abnormes sexuelles Verhalten überhaupt,
- Geld,
- Vergehen gegen das Strafgesetzbuch im Allgemeinen und
- zweifelhafte, diskreditierende Kontakte und Querverbindungen (zur Mafia, zur Unterwelt, zum Lager des Gegners).

Man kann eine (5 Prozent wahre) Story ausgraben und schamlos übertreiben, man kann sie aber auch inszenieren. So wurden US-amerikanischen Abgeordneten einst Bestechungsgelder von Arabern angeboten, die sie schließlich annahmen – während im Hinterhalt ein Fotograf lauerte, der die Geldübergabe im Bild festhielt. Nicht selten saugt man sich eine Story völlig aus den Fingern und dokumentiert sie mit falschem Beweismaterial.

Wie auch immer das belastende Material zustande gekommen ist, im nächsten Schritt wird die Story veröffentlicht. „Zufällig" wird die Geschichte öffentlich – häufig mithilfe von Strohmännern, um die wahre Quelle nicht sichtbar werden zu lassen.

Speziell im Zeitalter der „Me-too-Bewegung" eignen sich sexuelle Übergriffe gegen Frauen, wie eine Vergewaltigung oder ein Vergewaltigungsversuch, um eine Person ins Abseits zu rücken.

WIE MAN GANZE
GRUPPIERUNGEN ZERSTÖRT

Ein „krankes" Gehirn, das voller bösartiger Absichten steckt, kann die widerlichsten Komplotte stricken.

Ein Beispiel: Der Hauptakteur F. F. schickt an einen bayerischen Politiker Morddrohungen – allerdings unter einem falschen Namen. Als Absender nennt er eine Gruppe X, der er schaden und deren Ansehen er in den Schmutz ziehen will, warum auch immer. Die Gruppe X wird infolgedessen von der Polizei angesprochen. Parallel dazu erscheinen einige Zeitungsnachrichten, in denen die Gruppe X als „kriminelle Vereinigung" bezeichnet wird …

Ein zweites Beispiel: Im Mittelpunkt steht die Schlüsselperson H. H., die als Drogenfall in einer Drogen-Rehabilitationsgruppe untergekommen ist. Eine unbekannte Quelle, nennen wir sie Q., besticht nun H. H. Für 5000 Euro soll sie vor der Presse aussagen, die Drogen-Rehabilitationsgruppe handele mit Rauschgift. H. H. äußert sich brav vor der Presse und verursacht einigen Wirbel …

Eine weitere Methode besteht darin, einen seiner eigenen Leute in das gegnerische Lager einzuschleusen. Nennen wir die Figur K. K. Eine Weile gibt K. K. vor, die Ziele und Ideale des gegnerischen Lagers zu verfolgen. Aber weit gefehlt! In der Folge begeht K. K. im Namen eben dieses gegnerischen Lagers absichtlich kriminelle Handlungen. Diese werden öffentlich gemacht und dem Gegner in die Schuhe geschoben. Wieder wird die Gruppierung zerstört oder zumindest ihr Ansehen herabgesetzt.

Im Geheimdienstslang spricht man von „Plants" oder eingeschleusten Agenten, deren Ziel darin besteht, eine Gruppierung zu diskreditieren.

Grundsätzlich werden auf diese Weise vorsätzlich Fake News produziert.

DIE WAHRHEIT UND NICHTS ALS DIE WAHRHEIT

Da es tatsächlich Fälle von abnormen sexuellen Verhalten gibt und weil das Thema Geld so emotionsgeladen ist und Vergehen gegen das Strafgesetzbuch auch in realiter begangen werden, ist es manchmal unglaublich schwierig, die Wahrheit von der Lüge zu unterscheiden.

Im Einzelfall heuern Betroffene Detektive und Rechtsanwälte an, um Fake News auf die Schliche zu kommen und ihren Namen wieder reinzuwaschen.

Doch wer sich schon einmal mit dem Rechtssystem herumgeschlagen hat, weiß, wie kostspielig, zermürbend und zeitraubend diese Vorgehensweise ist – manchmal zieht sich ein Fall über viele Jahre hin.

Die Lüge jedoch bleibt während der ganzen Zeit wie Kaugummi kleben und ist so zähflüssig wie Melasse.

Manchmal bezahlen Betroffene hohe Summen, selbst wenn sie unschuldig sind, nur um „aus den Schlagzeilen zu kommen" und wieder ihren Seelenfrieden zu haben.

Inzwischen verdienen manche Fake-News-Produzenten sogar ihr Geld damit, Unternehmen zu erpressen: Sie weisen auf mögliche Bad News hin, die sie theoretisch veröffentlichen könnten – aber gegen eine kleine Zahlung von etwa 100.000 Euro könnten sie unter Umständen auch darauf verzichten, sie zu publizieren … Ein Unternehmen, das beispielsweise fürchtet, seine Aktien könnten ins Bodenlose stürzen und Milliarden vernichtet werden, beschließt zu zahlen.[4]

Das Repertoire der Fake-News-Produzenten ist in der Literatur nie zur Gänze aufgearbeitet und ausgelotet worden. Und das wohl auch aus gutem Grund: Denn bei diesem Thema muss man in menschliche Abgründe hinabsteigen, die alles andere als angenehm sind. Wir begegnen hier rabenschwarzen Seelen, keine beglückende Erfahrung.

Die gute Nachricht: Nicht die ganze Welt ist voller Ganoven, Gangstern und Geheimdienstlern. Im Gegenteil. Der weitaus überwiegende Anteil der Menschen lebt anständig und hat ein Gewissen. Außerdem wehren sich besonders mutige Zeitgenossen immer stärker gegen Fake News. Bisweilen können erfundene Nachrichten auch auf ihre Erfinder übel zurückfallen. Der Rückstoßeffekt ist manchmal furchtbar.

Mehr als ein Erpresser landete bereits hinter Gittern, und selbst der amerikanische TV-Gigant CNN entließ im Jahre 2018 einige Redakteure, die sich gegen Donald Trump Fake News aus den Fingern gesogen hatten – und CNN ist nicht eben bekannt dafür, den 45. US-amerikanischen Präsidenten zu lieben.

In dem Moment, da das Scheinwerferlicht unbarmherzig auf die Fake-News-Produzenten gerichtet wird, verlieren sie selbst an Reputation und geraten ins Trudeln.

Grundsätzlich ist die Wahrheit immer stärker als die Lüge. Sobald die Lüge entlarvt ist und Fake News enttarnt sind, schlägt der Zorn des Volkes oder der Beteiligten um, ändert die Richtung um 180 Grad und zielt auf den Urheber der getürkten Nachricht.

Die intelligentesten Fragen, die wir stellen können, um Fake News zu identifizieren, lauten deshalb:

WEM dient eine bestimmte schlechte Nachricht, WER hat dadurch Vorteile?

WER könnte ein Interesse daran haben, diese Art von Nachricht in die Welt zu setzen?

Deshalb ist es so wichtig, über die Techniken der Fake-News-Produzenten aufzuklären. Sobald wir sie aus dem Effeff kennen, verlieren sie ihre Durchschlagskraft.

13. IMMUNISIERUNG
GEGEN FAKE NEWS

Die vorangegangen Kapitel haben gezeigt, aus welchen Ecken Fake News kommen können und mit welchen Methoden sie in die Welt gesetzt werden.

Durch die genaue Analyse sind wir zumindest bis zu einem gewissen Ausmaß unempfänglicher für sie, wir sind ihnen nicht mehr so wehrlos ausgeliefert.

Wiederholen wir noch einmal: Fake News gibt es vornehmlich im Bereich

- der Religion,
- der Politik und
- der Wirtschaft.

Tagtäglich werden wir mit Fake News bombardiert.

Natürlich konnten wir im Rahmen dieses Buches nur einen kleinen Ausschnitt all der Schwindeleien vorstellen. Ohne Weiteres wäre es möglich, die Beispiele beliebig zu erweitern. Denken wir nur an …

DIE WEINENDE MARIA

Weinende Madonnenstatuen, die Blut oder Tränen vergießen, kommen tatsächlich in aller Welt vor. Sie wurden in Italien beobachtet, wo eine Madonnenstatue angeblich ihre Gliedmaßen bewegte und sich für eine kurze Zeit in „Fleisch und Blut" verwandelte. Weinende Gottesmütter gibt es auf der Insel Malta, im Libanon, in Venezuela, in Irland, auf Zypern, in Bethlehem/Israel, in Ägypten, in den Niederlanden, ja in allen Teilen der Welt, selbst in Afrika und in Australien, wo Beobachter überdies feststellten, dass eine Madonna Rosenöl weinte. Gewöhnlich jedoch flossen Tränen aus dem Gesicht zwei- oder dreidimensionaler Darstellungen der Mutter Gottes. Besonders häufig hört man entsprechende Nachrichten aus den Vereinigten Staaten von Amerika.

Selbst über weinende Jesusbilder kursieren entsprechende Berichte. In England weinte gar eine Statue, die eine Hindu-Gottheit darstellte, sie vergoss Blut und Tränen.

Vertreter verschiedener, sich eigentlich einander bekämpfender christlicher Glaubensbekenntnisse – wie etwa Repräsentanten der römisch-katholischen und der griechisch-orthodoxen Kirche, ja selbst Vertreter verschiedener Religionen – beobachteten alle das gleiche Phänomen.

In Tibet schoss man den Vogel ab. Dort weinte eine Buddha-Statue Perlen. Nicht nur Christen berichten also über solche Wunder.

Nicht selten werden diese Berichte noch getoppt. Manchmal bewegen sich die Augen in den Statuen plötzlich und ein Licht erstrahlt. Gewöhnlich werden solche Phänomene von Reinigungskräften oder einfachen Menschen entdeckt, oder Zeitgenossen stoßen zufällig darauf. In einem Fall wurde sogar eine bekennende Muslimin als Erste auf eine weinende Gottesmutter aufmerksam.

Wasser, Blut, Tränen, Öl, Honig, Harz und Myrrhe strömen aus Bildern oder Statuen. Die Anzahl weinender Marien ist erstaunlich. Allein in Russland kennt man Tausende weinende Ikonen.

Skeptisch wird man nur, wenn dadurch der Pilgertourismus angekurbelt wird und die Einnahmen steigen. Eine florierende Wallfahrtsindustrie hat schon so manchen Ort (und ihren Priester) reich gemacht.

Inzwischen gibt es klar dokumentierte Betrugsszenarien: Physikalisch ist es ein Kinderspiel, eine Statue weinen zu lassen, indem man die entsprechende technische Vorrichtung installiert. Kleine Röhren im Innern einer Statue können Wasser, Blut und andere Flüssigkeiten ohne Probleme aus den Augen laufen lassen.

Rund um die weinende Gottesmutter ranken sich primitive und aufwendige Schwindelszenarien. Luigi Garlaschelli, Professor der Chemie an einer italienischen Universität, spezialisierte sich darauf, Betrügereien rund um die weinende Maria zu entlarven. Ihm gelangen einige spektakuläre Enthüllungen. Unter anderem baute er eine (Statuen-)Attrappe nach. Sie war innen hohl und bestand aus Gips, das glasiert wurde und infolgedessen undurchlässig war. Durch ein verstecktes Loch füllte er die Statue mit einer Flüssigkeit. Der Gips nahm diese Flüssigkeit auf, sie konnte allerdings wegen der Glasur zunächst nicht austreten. „Kratzte man jedoch die Glasur rund um die Augen herum weg, traten Tropfen aus, die wie Tränen wirkten."[1]

Ferner gibt es auch andere natürliche Erklärungen. In Bayern weinte ein Madonnenbild in einem Reihenhaus 27 Tage lang, allerdings nur im Winter. Schließlich fand man heraus, dass das Dach undicht war. In dem ungeheizten Raum, in dem das Bild hing, bildete sich Kondenswasser. Bei den Tränen handelte es sich also um ganz normales Wasser.

In noch einem anderen Fall, als Tränen aus Harz austraten, fand man heraus, dass die künstlichen Augen der Statue aus Harz bestanden, die in der Sonne bei zu großer Hitze schmolzen und den Eindruck von Tränen hinterließen.[2]

Und so erkennen wir sehr rasch, dass Fake News im religiösen Rahmen noch ein weites Feld sind. Das gleiche Statement kann man für die Politik wagen.

DIE UNENDLICHE GESCHICHTE: DONALD TRUMP

In den Jahren 2016 bis 2018 war kein Thema in der Politik brisanter als die Frage, ob Trump bei der Präsidentenwahl gemeinsame Sache mit den Russen gemacht hatte oder nicht und ob die Russen überhaupt bei dieser Wahl manipulativ eingegriffen hatten. Wir haben bereits darauf aufmerksam gemacht.

Dafür wurde eine *Special Counsel Investigation* anberaumt, eine eigene Untersuchungskommission, angeführt von dem ehemaligen FBI-Chef Robert Mueller.

Ein Teil der Fragestellung war fast naiv: Natürlich hatten die Russen versucht, Einfluss auf die Wahl zu nehmen – sie versuchen es ständig in zahlreichen Ländern, bis heute, auch in Europa, ja rund um den Globus.

Die Nachforschungen endeten in mehreren Anklagen und Schuldsprüchen.

Doch was wissen wir aufgrund unserer bereits gewonnenen Erkenntnisse in Bezug auf Donald Trump? Nun, die Republikaner werden bis ans Ende aller Zeiten auf die Ungerechtigkeiten dieser Untersuchung hinweisen und Trumps Unschuld beteuern. Die Demokraten werden das Gegenteil behaupten.

Fake News wird es auf beiden Seiten geben, aller Voraussicht nach auf Jahre hinaus.

Unsere ursprüngliche Einsicht hat also Bestand:

Im politischen Raum leben wir in einer zweipoligen Welt, die ein zweipoliges Denken diktiert und kaum Objektivität zulässt.

ᐫᐟᐧ

DIE MANIPULATON
DES SILBERPREISES

Innerhalb des Wirtschaftssektors könnte man für jede Branche ein eigenes Buch schreiben. Prekär ist nach wie vor die Finanzbranche mit ihren Manipulationen. Betrachten wir nur die verschiedenen Aktien-Indices, deren Auf- und Abbewegungen ja nicht von ungefähr kommen, genauso wenig wie der Immobilienmarkt „zufällig" nach oben oder unten geht.

Greifen wir spaßeshalber noch einmal ein Beispiel aus der Geschichte heraus – die Manipulation des Silberpreises im Jahre 1973.

Der Skandal rankte sich um die Gebrüder Hunt, ihres Zeichens Milliardäre aus Texas. Sie versuchten, weltweit alle Silberminen unter ihre Kontrolle zu bekommen, um in der Folge den Silberpreis hochzutreiben. Dafür gingen sie folgendermaßen vor: Im Dezember 1973 nahmen die Brüder Nelson und Herbert Hunt eine Lieferung von 25 Millionen Unzen Silber entgegen. Der Preis damals pro Unze: 3 Dollar. Wenige Monate später erhöhten die Hunts ihren Silbervorrat auf insgesamt 55 Millionen Unzen. Der Preis jetzt: 6 Dollar. Ende 1979 befanden sich bereits 90 Millionen Unzen in ihren Depots. Der Preis: 35 Dollar pro Unze.

Und so ging das Spiel weiter und weiter. Wenig später betrug der Preis pro Unze 40 Dollar. Neben den beiden Milliardären stiegen hunderttausende kleine Spekulanten ein, die rasch auf den Zug aufspringen wollten.

Durch geschickte Propaganda und systematische Fake News starrten das Publikum und die Presse fasziniert in den Silberhimmel. Gutgläubige Investoren ließen sich dazu verlocken, wider alle Vernunft zu spekulieren. Die Medien gaben objektive Gründe für die astronomischen Silberpreise an. Die Wahrheit hingegen lautete: Da Silber (künstlich) verknappt worden war, kletterten die Preise natürlich in astronomische Höhen. Der Markt spielte verrückt. Allerorten stieg man auf dieses Karussell auf. Eine euphorische Hysterie erfasste die Gemüter.

Schließlich kam der große Silber-Crash, geradezu über Nacht. Rekord-Zinsen von über 20 Prozent und ein Sturz des Goldpreises machten viele Silberspekulanten nervös; sie stiegen panikartig aus. Der Rückschlag war verheerend – auch für die Brüder Hunt, die nur durch das Verpfänden von Silber zusätzliche Kredite erhalten hatten. Das Pokerspiel konnte nur so lange gut gehen, wie der Silberpreis stieg. Als er fiel, waren selbst die Hunts nicht mehr in der Lage, ihre Kredite zu tilgen. Die Nachricht von der Zahlungsunfähigkeit der Brüder schlug an der Wall Street ein wie eine Bombe. Die Preise stürzten in tiefste Tiefen, und das Kartenhaus brach in sich zusammen. 1980 war der Spuk endgültig vorbei.

Es ließen sich zuhauf Beispiele vorstellen, wie durch den geschickten Einsatz von Öffentlichkeitsarbeit, lies Fake News, größte Reichtümer zusammengehamstert – und verloren wurden.

Wer glaubt, dass solche Geschichten nicht auch in unserer Gegenwart passieren, träumt.

FAKE NEWS UND KEIN ENDE

Und so könnte man endlos fortfahren.

In diesem Sinne hoffen wir, dass der vorliegende Band nur der Anfang einer ganzen Reihe von Büchern ist, in denen Fake News systematisch entlarvt werden.

Außerdem ist es unsere stille Hoffnung, dass gewisse Einsichten auch in Schulen und Ausbildungszentren bekannt werden, um vor allem die Heranwachsenden gegen Fake News zu immunisieren. Theoretisch ist es vorstellbar, dass einem Schüler oder Studenten schlussendlich ein Text vorgelegt wird, mit der Aufgabe, ohne fremde Hilfe zu entscheiden, ob es sich um Fake News handelt oder um handfeste, korrekte, durch hieb- und stichfeste Fakten abgesicherte Informationen.

Warum sollte das Fach „Fake News" nicht auf dem Lehrplan stehen? Vielleicht könnte die Enttarnung inkorrekter „Nachrichten" sogar eines Tages zu einer eigenen Wissenschaftsdisziplin aufsteigen.

Generell immunisiert man sich selbst am besten gegen Fake News, indem man ein Fachgebiet wirklich in der Tiefe durchdringt.

Darüber hinaus gibt es eine unschlagbare Methode, Fake News den Garaus zu machen: Man studiert intensiv die Geschichte, aber auf eine andere Weise als bisher: Es gilt, Erkenntnisse aus der Historie herauszufiltern und sie in Stein zu meißeln. Anhand spezieller Einsichten kann man dann viel leichter zu dem Urteil kommen, ob es sich bei bestimmten Nachrichten um Fake News handelt oder nicht.

Wenn es überhaupt ein Fachgebiet gibt, das gegen Fake News immunisiert, dann ist es das systematische Studium der Geschichte.

Aber es ist auch richtig, sich in ein beliebig anderes Fachgebiet einzuarbeiten. Jeder Gelehrte und jeder Fachmann kann über sein Gebiet erheblich leichter und schneller urteilen. Er hat weniger Probleme, die Lüge von der Wahrheit zu unterscheiden. Natürlich kann auch er irren, aber er wird seltener mit seinem Urteil danebenliegen als jemand, der ein Wissensgebiet nur oberflächlich kennt.

In diesem Sinne haben Fake News auch etwas mit uns selbst zu tun. Der uninformierte oder unzureichend informierte Zeitgenosse ist leichter an der Nase herumzuführen als der Fachmann. Beschließen Sie also ganz einfach, zumindest über ein Fachgebiet weit mehr zu lernen, sodass sich Ihre Urteilskraft schärft. Und lassen Sie nie das Studium der Geschichte außer Acht.

Davon abgesehen gibt es keinen Ersatz für selbstständiges Denken. Urteilskraft kann man nur entwickeln, wenn man das Denken und Nachdenken nicht delegiert. Man muss fähig sein, sich seine eigene Meinung zu bilden, unabhängig von Freunden, Experten, Verwandten, Autoritäten oder gar der Presse.

Wir sind dann in besonderem Maße Fake News ausgesetzt, wenn wir nur selten gute Bücher lesen und keine eigenen Überlegungen und Beobachtungen anstellen.

Wie formulierte es schon der deutsche Philosoph Immanuel Kant so schön, als er aufgefordert wurde, „Aufklärung" zu definieren? „Aufklärung ist der Ausgang des Menschen aus seiner selbst verschuldeten Unmündigkeit. Unmündigkeit ist das Unvermögen, sich seines Verstandes ohne Anleitung eines anderen zu bedienen."[3]

Besser kann man es nicht ausdrücken.

LITERATURVERZEICHNIS

Paradebeispiel

[1] Wolf-Dieter Lahmann: Macht und Magie der Public Relations, München, 1998, S. 45

[2] Vgl. Manfred Kittel: Peripetie der Vergangenheitsbewältigung, Die Hakenkreuzschmierereien 1959/60 und das bundesdeutsche Verhältnis zum Nationalsozialismus, http://www.kas.de/upload/ACDP/HPM/HPM_01_94/HPM_01_94_5.pdf
Die folgenden Quellenangaben basieren auf diesem Artikel

[3] Siehe Frankfurter Allgemeine Zeitung (FAZ) vom 28. Dezember 1959

[4] FAZ vom 6. und 14. Januar und 13. Februar 1960

[5] Christ und Welt vom 9. Juli 1959

[6] FAZ vom 9. Juni 1959

[7] Siehe FAZ vom 6. und 20. Januar 1960

[8] FAZ vom 9. Februar 1960

[9] Spiegel vom 13. Januar 1960

[10] FAZ vom 20. Januar 1960

[11] Manfred Kittel: a. a. O., S. 50

Begriffe

[1] Vgl. Anja Bröker, Lena Kampf (WDR): Meinungsmache gegen Geld, vom 13. Juni 2017, siehe tagesschau.de.

[2] Ernst T. Jäkel: Leben und Wirken Dr. Martin Luther's im Licht unserer Zeit, Band 2, Naumburg 1845, Seite 256

[3] Vgl. Frank Fabian: Die Größten Lügen der Geschichte, München, 2018[10]. S. 253 ff

[4] Frank Fabian: Die mächtigsten Geheimbünde, München, 2018, S. 73 ff

[5] Albert Oeckl: Handbuch Public Relations, München, 1964, S. 26

[6] Albert Oeckl: a. a. O., S. 31

[7] Vgl. Carl Hundhausen: Werbung um öffentliches Vertrauen – Public Relations, Essen, 1951

8   Georg-Volkmar Graf Zedtwitz-Arnim: Tu Gutes und rede darüber, Berlin, 1961, S. 20 f.
9   Vgl. Herbert Gross: Moderne Meinungspflege, Düsseldorf, 1951
10 Volker Nickel: Informieren muss man können, Landsberg-Lech, 1985, S. 38
11 Cutclip/Center: Effective Public Relations, London 1964[3], S. 2 ff.
12 Cutclip/Center: a. a. O., S. 4
13 Vgl. Culclip/Center: a. a. O., S. 2 ff.
14 Ronald W. Clark: Edison – Der Erfinder, der die Welt veränderte, Frankfurt, 1981, S. 153
15 Ronald W. Clark: a. a. O., S. 154
16 Siehe Wolf-Dieter Lahmann: Macht und Magie der Public Relations, a. a. O.

Heilige Männer

1   Frank Fabian: Die größten Lügen der Geschichte, München, 2018[10], S. 127 ff, zitiert dort nach Karlheinz Deschner
2   Karlheinz Deschner: Kriminalgeschichte des Christentums, Reinbek bei Hamburg, 1999, S. 118 ff
3   Zitiert nach Deschner: a. a. O., S. 118
4   Zitiert nach Deschner: a. a. O., S. 117
5   http://www.judentum.org/judenmission/antijudaismus/hostie.htm
6   http://www.judentum.org/judenmission/antijudaismus/hostie.htm
7   Vgl. Wikipedia, Stichwort „Ritualmorde"
8   Jewish Encyclopedia, Blood Accusation, History
9   Will Durant: Das frühe Mittelalter, München, 1982, S. 58
    Vgl. weiter entsprechende Einträge bei Wikipedia, Stichwort „Brunnenvergifter"
10 Frank Fabian: Die geheim gehaltene Geschichte Deutschlands, München, 2018[10], S. 119
11 Siehe Frank Fabian: Die geheim gehaltene Geschichte Deutschlands, a. a. O., S. 107 ff
12 Im Falle der Kreuzzüge wurden sie klar identifiziert. Vgl. Frank Fabian: Die mächtigsten Geheimbünde, München, 2017
13 Vgl. etwa Peter Schulte: Die Akte, Die geheimen Dokumente der Bundesregierung, Malters, 2017

Unheilige Frauen

[1] Will Durant: Das frühe Mittelalter, München, 1981, S. 158
[2] Will Durant: a. a. O.
[3] Will Durant: a. a. O.
[4] Vgl. Wikipedia, Stichwort „Hexe"
[5] Will Durant: Das frühe Mittelalter, a. a. O., S. 420, aus „dramaturgischen" Gründen wurde der Text Durants vom Imperfekt ins Präsens gesetzt
[6] Moses, 22,17
[7] Predigt Luthers vom 6. Mai 1526
[8] Vgl. Wikipedia, Stichwort „Hexenverfolgungen"

Gründerkrise

[1] Frank Fabian: Die geheim gehaltene Geschichte Deutschlands, München, 2016², S. 265f
[2] Frank Fabian: Die geheim gehaltene Geschichte Deutschlands, a. a. O., S. 266ff
[3] Vgl. entsprechende Stichworte in Wikipedia, wie etwa das Stichwort „Gründerkrise" sowie die dort angegebene Literatur
[4] Frank Fabian: Die größten Lügen der Geschichte, München 2017⁹, S. 355ff
[5] Vgl. Wikipedia, Stichwort „Gründerkrise"
[6] Vgl. Susan Levermann: Der entspannte Weg zum Reichtum, München 2010

1929

[1] John Kenneth Galbraith: Der große Crash 1929, München 2009⁴, S. 78
[2] Galbraith: a. a. O., S. 104
[3] Galbraith: a. a. O., S. 169
[4] Frank Fabian: Die geheim gehaltene Geschichte Deutschlands, Suhl 2010, S. 312
[5] Vgl. Frank Fabian: a. a. O., S. 313
[6] Galbraith: a. a. O., S. 204
[7] Günter Hannich: Staatsbankrott, Rottenburg, 2009, S. 57ff
[8] Fabian: a. a. O., S. 312

Nazis

[1] Werner Klose: Hitler und sein Staat, Tübingen, 1979, S. 16 vgl. weiter Wolf-Dieter Lahmann: Macht und Magie der Public Relations, a. a. O.
[2] Adolf Hitler: Mein Kampf, München, 1936, S. 519

[3] Der farbige Ploetz: a. a. O., S. 424
[4] Adolf Hitler: Mein Kampf, a. a. O., S. 197
[5] Adolf Hitler: a. a. O., S. 197
[6] Adolf Hitler: a. a. O., S. 201
[7] Adolf Hitler: a. a. O., S. 203
[8] Adolf Hitler: a. a. O., S. 523
[9] Golo Mann: Deutsche Geschichte 1919–1945, S. 102
[10] Golo Mann: a. a. O., S. 101
[11] Werner Klose: a. a. O., S. 27
[12] Werner Klose: a. a. O., S. 29
[13] Adolf Hitler: a. a. O., S 532
[14] Vgl. Goebbels Tagebuch sowie Wikipedia, Stichwort „Goebbels"
[15] Guido Knopp: Hitlers Helfer, München, 1996, S. 33
[16] Vgl. Wikipedia, Stichwort „Goebbels"

Bernie Cornfeld

[1] Vgl. Bert Cantor, The Bernie Cornfeld Story, New York, 1970
[2] Wolf-Dieter Lahmann: a. a. O., S. 151
[3] The Mail on Sunday – britische Sonntagszeitung, vom 29. Juni 2003
[4] FAZ vom 1. August 1970

Gesundheit

[1] Vgl. einen Bericht im Spiegel 3/2017
[2] z.B. Kurt Langbein, Hans-Peter Martin: Bittere Pillen, Kiepenheuer & Witsch, 2014
[3] Public Citizen Research Group (PCRG), 2006. Public Citizen ist eine Non-profit Organisation, die in Washington D.C., USA, angesiedelt ist und Verbraucherrechte verteidigt
[4] Vgl. Ron Gilbert: Side Effects, Clearwater, 2012, Stichwort „Prozac"
[5] Siehe https://psylex.de/psychopharmaka/psychopharmakon/ prozac.html
[6] Ron Gilbert: a. a. O., siehe das Kapitel über Senioren
[7] Ron Gilbert: a. a. O., S. 115

Trump

[1] Vgl. Wikipedia, Stichwort „Donald Trump"

[2] Siehe Bella DePaulo: I study liars, in: The Washington Post, 8. Dezember 2017

[3] Prof. Dr. Heinz Haber war ein deutscher Physiker und Fernseh- moderator, der im Jahre 1968 erstmals in der ARD über Weltraum- wissenschaften aufklärte

Medien

[1] Vgl. Frank Fabian: Top-Spione, die Weltgeschichte schrieben, München, 2018, siehe das gesamte Kapitel über Putin

[2] Vgl. Die Bauer Media Group – Radio und TV, 30. November 2016

[3] Hubert Burda Media Holding KG, Kommission zur Ermittlung der Konzentration im Medienbereich, 20. Januar 2017

[4] Vgl. Wikipedia, Stichwort „Funke Mediengruppe"

[5] Manfred Knoche: Probleme der Pressekonzentrationsforschung, siehe http://www.gbv.de/dms/ilmenau/toc/024936464.PDF

[6] Vgl. hierzu Zeitungsforscher Horst Röper über Monopole, Zentralredaktionen und Lokaljournalismus, siehe https://kress.de/news/ detail/beitrag/140431- zeitungsforscher-horst-roeper-konzentration- bei-tagespresse-liegt-bei-ueber-60-prozent.html

[7] Vgl. Susane Schüssler: Berlusconis Italien, Berlin, 2010

[8] Hauke Friedrichs: Recherchieren im Minenfeld, In: Die Zeit online, siehe https://www.zeit.de/online/2008/50/journalisten-im-irak

[9] Vgl. verschiedene Biographien über Schröder

[10] Vgl. besonders die Kritiken von Max Goldt, Michal Spreng, Günter Wallraff und sogar Springer-Chef Matthias Döpfner. Siehe auch www.tagesspiegel.de, 29. September 2018

[11] In: Der Spiegel, Nr. 25, 2006, Wir Deutschen sind unberechenbar.

Geheim!

[1] Siehe Wolf-Dieter Lahmann: Macht und Magie der Public Relations, a. a. O., S. 58ff

[2] Wolf-Dieter Lahmann: a. a. O., S. 58

[3] Wolf-Dieter Lahmann: a. a. O., S. 58

[4] Vgl. einen Fernsehreport von CNBC, im Monat August 2018, im Rahmen der Redaktion „American Greed"

Immunisierung

[1] Vgl. Claudia Frickel: Weinende Ikonen – warum Marienstatuen Blut und Tränen absondern, https://web.de/magazine/wissen/mystery/mystery-weinende-ikonen-marienstatuen-blut-traenen-absondern- 31883560

[2] Heike Le Ker: Wie die Götter die Tempeltüren öffneten, Spiegel online, siehe http://www.spiegel.de/wissenschaft/mensch/automaten- der-antike-wie-die-goetter-die-tempeltueren-oeffneten-a-618229.html

[3] https://www.textlog.de/2335.html

ZUM AUTOR

Frank Fabian studierte Geschichte, Germanistik und Philosophie in Würzburg und Frankfurt. Der ehemalige Fernsehjournalist zeichnete im ZDF für über 200 Filmbeiträge verantwortlich und schrieb bislang 25 (Geschichts-)Bücher. Fabian wurde unter anderem in Deutschland, Russland, in der Tschechischen Republik, in den Niederlanden, Bulgarien, in den USA und Polen publiziert.

Er erhielt verschiedene Auszeichnungen, so , so dreimal die Goldene Feder, eine Auszeichnung des Wirtschaftsverlages W. V.

Im Jahre 2004 wanderte Fabian in die Vereinigten Staaten von Amerika aus; er lebt heute in Florida.

Erfolgstitel in Deutschland:
- Die Größten Lügen der Geschichte
- Die *geheim* gehaltene Geschichte Deutschlands
- Die mächtigsten Geheimbünde in Geschichte und Gegenwart
- Top-Spione, die Weltgeschichte schrieben

Kontakt: frankfabian11@yahoo.com
Kontakt: frankfabian11@yahoo.com